시원
스쿨 기적의
말하기
영어패턴

이시원 지음

S 시원스쿨닷컴

시원스쿨
**기적의 말하기
영어패턴**

초판 1쇄 발행 2021년 3월 23일
초판 3쇄 발행 2023년 12월 11일

지은이 이시원
펴낸곳 (주)에스제이더블유인터내셔널
펴낸이 양홍걸 이시원

홈페이지 www.siwonschool.com
주소 서울시 영등포구 국회대로74길 12 시원스쿨
교재 구입 문의 02)2014-8151
고객센터 02)6409-0878

ISBN 979-11-6150-463-6 13740
Number 1-010303-22222207-06

머리말

영어가 늘지 않아 고민인 분들께!

우리는 어려서부터 실생활 대화에서 사용이 적은 단어 중심으로 영어를 배웠습니다. 실생활에서 많이 쓰는 단어들을 중심으로 배우고, 이를 자연스럽게 나올 때까지 습득하는 것이 영어를 잘하기 위한 첫 시작입니다. 그중에서도 가장 중요한 것은 영어 문장의 핵심이 되는 '동사'입니다. 영어는 한글과 다른 어순을 가지고 있으며 이 다른 어순의 중심이 되는 것이 바로 '동사'이기 때문입니다.

이 책은 영어회화에서 많이 사용하는 동사를 중심으로 패턴을 구성하였습니다. 동사의 사용법을 배우고 단어가 연결되는 어순을 익혀 보시기 바랍니다. 동사를 패턴화했기 때문에 문장 구조 학습은 물론이고 다양한 상황에 응용을 해서 내가 하고 싶은 문장을 쉽게 만들어 볼 수도 있습니다.

영어는 '내가 영어를 배우고 있다'라는 만족감을 느끼기 위해 배우는 것이 아닙니다. 진짜 내 영어 실력이 변화하는 것, 그것을 위해 배우는 겁니다. 기본적인 문장이라도 기초를 대충하고 넘어가고 입에 붙이는 훈련을 하지 않으면 급할 때는 엉터리 영어를 하게 됩니다. 고급 수준의 영어를 배우기 전에 기초 영어가 완벽하게 내 것이 되어야 합니다. 그래서 말하기의 가장 기본이 되는 동사를 중심으로 한 패턴을 연습하며 동사의 활용법을 배우고 영어의 기초를 닦는 작업이 필요합니다.

이 책을 통해 동사를 활용하여 영어로 문장을 말할 수 있는 원리를 명확하게 이해하고 반복해서 연습해 입에 붙여 보세요.

진짜 내가 영어로 말할 수 있는 영어를 배우시기 바랍니다.

이 책의 구성과 특징

동사 활용법
각 패턴의 중심이 되는 핵심동사의 활용법을
미리 익혀볼 수 있습니다.

패턴 설명
패턴을 언제 어떻게 활용할 수 있는지
자세한 설명을 제공합니다.

STEP 1
예문을 보고 읽으면서 패턴을 입에 붙이는
연습을 해보세요.

STEP 2
패턴의 기본형을 익혔다면 부정문, 의문문,
다양한 주어 등 여러 형태의 문장으로 응용
하는 연습을 해보세요.

STEP 3
학습한 패턴이 대화 속에선 어떻게 사용되
는지 회화문으로 다시 한번 익혀 보세요.

STEP 4

기본 패턴을 응용한 플러스 패턴까지 함께 학습해 보세요. 하나의 패턴 학습으로 두 개의 패턴을 익히는 일석이조의 효과가 있습니다.

패턴 바로 확인하기

학습한 내용을 바로 확인할 수 있는 코너입니다. 우리말만 보고 영어로 말해 보세요.

하루 10문장 패턴 말하기 연습

학습한 패턴을 추가로 연습할 수 있는 부록으로 한 패턴 당 10문장씩 총 500문장을 연습하며 패턴을 확실히 내 것으로 익힐 수 있습니다.

목차 & 학습 체크 리스트

시원스쿨펜 활용법

원하는 문장과 음성 강의를 터치 한 번으로!

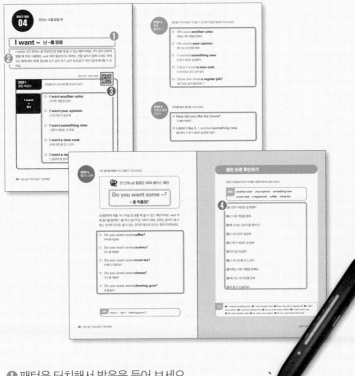

❶ 패턴을 터치해서 발음을 들어 보세요.

❷ 패턴 설명 부분을 터치해서 음성 강의를 들어 보세요.

❸ 원하는 문장을 터치해서 원어민 발음을 바로 들어 보세요.

❹ 우리말을 영어로 말해 보고 어려운 부분은 터치하여
  바로 들어 보세요.

시원스쿨 홈페이지(www.siwonschool.com)로 접속하셔서 <학습지원센터 ▶ 공부 자료실 ▶
시원스쿨펜 자료실> 로 들어가시면 본 도서에 필요한 시원스쿨펜용 음원 파일을 받으실 수
있습니다.

be동사

말하기 패턴

be동사
활용법

be동사의 가장 큰 특징은 주어가 누구인지, 몇 명인지에 따라 모양이 다음과 같이 바뀐다는 점이에요.

I		= I am
You/We/They/My friends	+ be	= You/We/They/My friends are
She/He/It/My friend		= She/He/It/My friend is

be동사의 뜻은 크게 '~이다, ~하다, ~ 있다'로 구분할 수 있어요.

❶ be + 명사(이름, 신분)/형용사(상태): ~이다, ~하다

be동사 뒤에 이름이나 신분 또는 상태를 넣어 '주어는 ~야'라고 말할 수 있어요.

I am Jenny. 난 Jenny야.

I am hungry. 나 배고파.

❷ be + in/on/at + 명사(장소): ~에 있다

be동사 뒤에 장소를 나타내는 표현을 넣어 '주어는 ~에 있어'라고 말할 수 있어요. in/on/at은 '~에'라는 뜻이에요.

I am in the room. 나 방 안에 있어.

❸ be + on + 명사(상태): ~하다

be동사로 상태를 나타내는 또 다른 방법은 on 뒤에 상태를 나타내는 명사를 말하는 것이에요.

I am on a diet. 나 다이어트를 하는 중이야.

신분이나 상태를 말할 땐

I'm ~ 난~야 / 난~해

I'm은 내가 누구인지 말할 때 또는 내 감정이나 상태가 어떤지 말할 때 쓸 수 있는 패턴이에요. I'm 패턴 뒤에 이름, 직업, 국적 등 자신의 신분을 나타내는 표현이나 기분, 감정, 상태를 나타내는 표현을 넣어 말해 보세요. be동사는 주어에 따라 모양이 바뀐다는 점 주의하세요!

음성 강의 / 원어민 발음

STEP 1
패턴 익히기

문장을 읽어 보며 패턴을 연습해 보세요.

I'm
+
명사/형용사

○ **I'm Sera.**
난 세라야.

○ **I'm a new employee.**
전 신입 사원입니다.

○ **I'm a college student.**
전 대학생이에요.

○ **I'm hungry.**
나 배고파.

○ **I'm tired today.**
나 오늘 피곤해.

STEP 2
패턴
활용하기

패턴을 자유자재로 구사할 수 있도록 다양한 형태로 익혀 보세요.

○ **Are you Sera?**
네가 Sera니?

○ **He is a new employee.**
그 사람은 신입 사원이에요.

○ **We are college students.**
저희는 대학생이에요.

○ **I'm not hungry.**
난 배고프지 않아.

○ **I was tired today.**
난 오늘 피곤했어.

STEP 3
대화로 패턴
익히기

대화를 통해 패턴을 익혀 보세요.

A Try this steak. It's so good.
이 스테이크 좀 먹어 봐. 진짜 맛있어.

B Oh, I'm sorry I can't. **I'm a vegetarian.**
아, 미안한데 못 먹어. 난 채식주의자거든.

단어   new employee 신입 사원 | college student 대학생 | hungry 배고픈
| tired 피곤한 | try 먹어 보다 | vegetarian 채식주의자

STEP 4
플러스 패턴

기본 패턴을 응용한 추가 패턴도 익혀 보세요.

 한 단계 up! 활용도 100% 플러스 패턴

I'm at/in ~
난 ~에 있어

기본 패턴 I'm 뒤에 '~에'라는 뜻을 가진 at이나 in을 쓰면 내가 어디 있는지 말할 수 있어요. 주로 지점을 말할 땐 at, 영역이나 공간을 말할 땐 in을 사용해요.

○ **I'm at gate 10.**
난 10번 게이트에 있어.

○ **I'm at the hotel.**
난 호텔에 있어.

○ **I'm in the parking lot.**
나 주차장에 있어.

○ **I'm in my room.**
난 내 방에 있어.

○ **I'm in the basement.**
난 지하에 있어.

단어 parking lot 주차장 | basement 지하

다음 우리말을 주어진 Hint를 이용해 영어로 말해 보세요.

> **HINT** Sera   new employee   college student   hungry
> tired today   gate 10   the parking lot

❶ 난 세라야.

❷ 그 사람은 신입 사원이에요.

❸ 난 배고프지 않아.

❹ 전 대학생이에요.

❺ 나 오늘 피곤해.

❻ 네가 Sera니?

❼ 전 신입 사원입니다.

❽ 난 10번 게이트에 있어.

❾ 난 주차장에 있어.

❿ 저희는 대학생이에요.

정답 ❶ I'm Sera. ❷ He is a new employee. ❸ I'm not hungry. ❹ I'm a college student. ❺ I'm tired today. ❻ Are you Sera? ❼ I'm a new employee. ❽ I'm at gate 10. ❾ I'm in the parking lot. ❿ We are college students.

상황이나 상태를 말할 땐

I'm on ~ 난~중이야

I'm 뒤에 on을 쓰면 내가 무엇을 하고 있는지 또는 내 상황이나 상태가 어떤지 말할 수 있어요. on 뒤에 활동이나 상태를 나타낼 수 있는 다양한 표현을 넣어서 현재의 상황을 말해 보세요.

음성 강의 / 원어민 발음

STEP 1
패턴 익히기

문장을 읽어 보며 패턴을 연습해 보세요.

I'm on
+
명사

○ **I'm on a diet.**
난 다이어트 중이야.

○ **I'm on vacation.**
난 휴가 중이야.

○ **I'm on my business trip.**
난 출장 중이야.

○ **I'm on the phone.**
난 통화 중이야.

○ **I'm on duty.**
난 근무하는 중이야.

패턴을 자유자재로 구사할 수 있도록 다양한 형태로 익혀 보세요.

○ **He is on a diet.**
개(그)는 다이어트 중이야.

○ **Are you on vacation?**
너 휴가 중이야?

○ **I was on my business trip.**
난 출장 중이었어.

○ **She is on the phone.**
개(그녀)는 통화 중이야.

○ **We are on duty.**
우린 근무하는 중이야.

STEP 3
대화로 패턴
익히기

대화를 통해 패턴을 익혀 보세요.

A **Let's order pizza for dinner.**
저녁으로 피자 주문하자.

B **I'm on a diet. I'll just have a salad.**
난 다이어트 중이야. 난 그냥 샐러드 먹을게.

단어 diet 다이어트 | vacation 휴가, 방학 | business trip 출장 |
duty 근무, 직무 | order 주문하나

STEP 4
플러스 패턴

기본 패턴을 응용한 추가 패턴도 익혀 보세요.

 한 단계 up! 활용도 100% 플러스 패턴

I'm on my way (to) ~
난 ~에 가는 길이야

I'm on 뒤에 my way를 넣으면 '난 가는 길이야'라는 뜻이 돼요. 이때 어디에 가는지 구체적으로 말하고 싶다면 to와 함께 가고 있는 장소를 넣어 말하면 돼요. home(집에), here(여기에), there(거기에)는 이미 to의 의미가 포함되어 있으므로 to를 쓰지 않아도 된다는 점에 주의하세요!

○ **I'm on my way home.**
난 집에 가는 길이야.

○ **I'm on my way there.**
난 거기 가는 길이야.

○ **I'm on my way to the office.**
난 사무실에 가는 길이야.

○ **I'm on my way to the market.**
난 시장에 가는 길이야.

○ **I'm on my way to the auto repair shop.**
난 자동차 정비소에 가는 길이야.

> **단어**   office 사무실 | market 시장 | auto repair shop 자동차 정비소

패턴 바로 확인하기

다음 우리말을 주어진 Hint를 이용해 영어로 말해 보세요.

> **HINT** a diet   vacation   one's business trip   the phone
> duty   home   the market

① 난 출장 중이야.

② 걔(그)는 다이어트 중이야.

③ 난 다이어트 중이야.

④ 난 휴가 중이야.

⑤ 걔(그녀)는 통화 중이야.

⑥ 너 휴가 중이야?

⑦ 난 근무하는 중이야.

⑧ 난 집에 가는 길이야.

⑨ 난 통화 중이야.

⑩ 난 시장에 가는 길이야.

정답 **①** I'm on my business trip. **②** He is on a diet. **③** I'm on a diet. **④** I'm on vacation. **⑤** She is on the phone. **⑥** Are you on vacation? **⑦** I'm on duty. **⑧** I'm on my way home. **⑨** I'm on the phone. **⑩** I'm on my way to the market.

There is ~ ~가 있어

불특정한 무언가 또는 누군가 있다고 말할 땐 There is 패턴을 쓸 수 있어요. 이때 There은 특별한 뜻이 없고 어떤 존재가 있다고 나타내 주는 역할을 해요. 그래서 be동사는 There과 상관없이 뒤에 오는 말이 단수면 is로, 복수면 are로 쓴다는 점을 주의하세요.

음성 강의 / 원어민 발음

STEP 1
패턴 익히기

문장을 읽어 보며 패턴을 연습해 보세요.

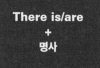

There is/are
+
명사

○ **There is a good restaurant.**
  괜찮은 식당이 있어.

○ **There is a problem.**
  문제가 있어.

○ **There are some differences.**
  약간의 차이점들이 있어.

○ **There are various sizes.**
  다양한 사이즈가 있어요.

○ **There are many things to do.**
  할 일이 많이 있어.

패턴을 자유자재로 구사할 수 있도록 다양한 형태로 익혀 보세요.

○ Is there **a good restaurant?**
괜찮은 식당이 있어?

○ There will be **a problem.**
문제가 있을 거야.

○ There aren't **any differences.**
차이점들이 전혀 없어.

○ Are there **various sizes?**
다양한 사이즈가 있나요?

○ There were **many things to do.**
할 일이 많이 있었어.

대화를 통해 패턴을 익혀 보세요.

A There is a girl out there. Do you know her?
밖에 여자애 한 명이 있네. 너 쟤 알아?

B Let me see... Oh, she is Jake's sister!
어디 보자… 아, 쟤 Jake 여동생이야!

단어   problem 문제 | difference 차이점 | various 다양한 |
thing to do 할 일

STEP 4
플러스 패턴

기본 패턴을 응용한 추가 패턴도 익혀 보세요.

 한 단계 up! 활용도 100% 플러스 패턴

There must be ~
분명히 ~가 있을 거야

무언가 있을 거라는 확신을 나타낼 때 쓰는 패턴이에요. 100% 확인된 사실은 아니지만 본인이 판단하기에 반드시 있다고 믿는 것을 말할 때 쓸 수 있어요.

○ **There must be another way.**
분명히 다른 방법이 있을 거야.

○ **There must be something wrong.**
분명히 뭔가 잘못된 게 있을 거야.

○ **There must be a reason.**
분명히 이유가 있을 거야.

○ **There must be someone inside.**
분명히 안에 누군가 있을 거야.

○ **There must be a convenience store.**
분명히 편의점이 있을 거야.

단어 way 방법 | something wrong 잘못된 것 | reason 이유 | someone 누군가 | inside 안에, 내부에 | convenience store 편의점

다음 우리말을 주어진 Hint를 이용해 영어로 말해 보세요.

> **HINT** good restaurant   problem   differences   a reason
> various sizes   many things to do   something wrong

❶ 차이점들이 전혀 없어.

❷ 문제가 있어.

❸ 차이점들이 좀 있어.

❹ 괜찮은 식당이 있어.

❺ 다양한 사이즈가 있나요?

❻ 할 일이 많이 있어.

❼ 분명히 뭔가 잘못된 게 있을 거야.

❽ 문제가 있을 거야.

❾ 할 일이 많이 있었어.

❿ 분명히 이유가 있을 거야.

정답 **❶** There aren't any differences. **❷** There is a problem. **❸** There are some differences. **❹** There is a good restaurant. **❺** Are there various sizes? **❻** There are many things to do. **❼** There must be something wrong. **❽** There will be a problem. **❾** There were many things to do. **❿** There must be a reason.

Unit

2

want
말하기 패턴

want
활용법

want는 '원하다, 바라다, 하고 싶다'라는 뜻을 가지고 있어요. want를 어떻게 활용해서 말할 수 있는지 알아볼까요?

❶ want + 명사(원하는 것): ~을 원하다

want 뒤에 주어가 원하는 것(갖고 싶은 것, 먹고 싶은 것, 필요한 것)을 넣어 말할수 있어요.

I want a new coat. 난 새 코트를 원해.(난 새 코트를 가지고 싶어.)

I want some pizza. 난 피자를 원해.(난 피자를 먹고 싶어.)

❷ want + to 동사원형: ~을 하고 싶다

want 뒤에 'to 동사원형'을 넣으면 하고 주어가 하고 싶은 일을 말할 수 있어요.

I want to go there. 난 거기 가고 싶어.

She wants to help me. 걔(그녀)는 날 도와주고 싶어 해.

❸ want + 사람 + to 동사원형: ~가 …하길 원하다

want와 'to 동사원형' 사이에 사람을 넣으면 주어가 그 사람이 어떤 일을 하길 원하는지 말할 수 있어요.

I want him to come back. 난 걔(그)가 돌아왔으면 좋겠어.

She wants me to be a doctor. 그분(그녀)은 내가 의사가 되길 원하셔.

원하는 것을 말할 때

I want ~ 난 ~를 원해

I want는 내가 원하는 걸 직접적으로 말할 때 쓸 수 있는 패턴이에요. 격식 없이 편하게 말할 때 주로 사용해요. want 뒤에 필요하거나 원하는 것을 넣어서 말해 보세요. 뒤에 오는 말에 따라 '원해, 필요해, 갖고 싶어, 먹고 싶어' 등과 같이 자연스럽게 해석할 수 있어요.

음성 강의 / 원어민 발음

STEP 1
패턴 익히기

문장을 읽어 보며 패턴을 연습해 보세요.

I want
+
명사

○ **I want another color.**
난 다른 색깔을 원해.

○ **I want your opinion.**
난 네 의견이 필요해.

○ **I want something new.**
난 뭔가 새로운 걸 원해.

○ **I want a new coat.**
난 새 코트를 갖고 싶어.

○ **I want a regular job.**
난 정규직을 원해.

패턴을 자유자재로 구사할 수 있도록 다양한 형태로 익혀 보세요.

○ We want **another color.**
저희는 다른 색깔을 원해요.

○ He wants **your opinion.**
걔(그)는 네 의견을 원해.

○ I wanted **something new.**
난 뭔가 새로운 걸 원했어.

○ I don't want **a new coat.**
난 새 코트는 갖고 싶지 않아.

○ Does she want **a regular job?**
걔(그녀)는 정규직을 원하니?

STEP 3
대화로 패턴
익히기

대화를 통해 패턴을 익혀 보세요.

A How did you like the movie?
그 영화 어땠어?

B I didn't like it. I wanted something new.
별로였어. 난 뭔가 새로운 걸 원했단 말야.

> 단어 another 다른 | opinion 의견 | something new 새로운 것 |
> regular job 정규직

STEP 4
플러스 패턴

기본 패턴을 응용한 추가 패턴도 익혀 보세요.

 한 단계 up! 활용도 100% 플러스 패턴

Do you want some ~?

~ 좀 먹을래?

상대방에게 먹을 거나 마실 걸 권할 때 쓸 수 있는 패턴이에요. want 뒤에 음식을 말하면 '~을 먹고 싶다'라는 의미가 돼요. 권하는 음식이 셀 수 없는 것이면 단수로, 셀 수 있는 것이면 복수로 쓴다는 점에 주의하세요.

○ **Do you want some coffee?**
커피 좀 마실래?

○ **Do you want some cookies?**
쿠키 좀 먹을래?

○ **Do you want some more tea?**
차 좀 더 드릴까요?

○ **Do you want some cheese?**
치즈 좀 먹을래?

○ **Do you want some chewing gum?**
껌 좀 줄까?

단어 more 더 | tea 차 | chewing gum 껌

다음 우리말을 주어진 Hint를 이용해 영어로 말해 보세요.

> **HINT**
> another color   your opinion   something new
> a new coat   a regular job   coffee   more tea

❶ 난 뭔가 새로운 걸 원했어.

❷ 난 다른 색깔을 원해.

❸ 걔(그녀)는 정규직을 원하니?

❹ 난 네 의견이 필요해.

❺ 난 뭔가 새로운 걸 원해.

❻ 커피 좀 마실래?

❼ 난 새 코트를 갖고 싶어.

❽ 저희는 다른 색깔을 원해요.

❾ 걔(그)는 네 의견을 원해.

❿ 차 좀 더 드릴까요?

정답 ❶ I wanted something new. ❷ I want another color. ❸ Does she want a regular job? ❹ I want your opinion. ❺ I want something new. ❻ Do you want some coffee? ❼ I want a new coat. ❽ We want another color. ❾ He wants your opinion. ❿ Do you want some more tea?

하고 싶은 일을 말할 땐

I want to ~ 나 ~하고 싶어

내가 하고 싶은 일을 직접적으로 말할 땐 I want to 패턴을 활용해 보세요. to 뒤에 내가 하고 싶은 일을 넣어서 말하면 됩니다. 말할 땐 줄여서 I wanna 형태로 많이 사용한다는 점도 기억해 두세요.

음성 강의 / 원어민 발음

STEP 1
패턴 익히기

문장을 읽어 보며 패턴을 연습해 보세요.

I want to
(= I wanna)
+
동사원형

○ **I want to go home.**
나 집에 가고 싶어.

○ **I want to see the movie.**
나 그 영화 보고 싶어.

○ **I want to buy a new one.**
난 새 걸 사고 싶어.

○ **I want to get a haircut.**
나 머리 자르고 싶어.

○ **I want to eat something spicy.**
나 매운 거 먹고 싶어.

STEP 2
패턴
활용하기

패턴을 자유자재로 구사할 수 있도록 다양한 형태로 익혀 보세요.

○ **I don't want to go home.**
난 집에 가고 싶지 않아.

○ **He doesn't want to see the movie.**
걔(그)는 그 영화 안 보고 싶어 해.

○ **I wanted to buy a new one.**
난 새 걸 사고 싶었어.

○ **Do you want to get a haircut?**
너 머리 자르고 싶어?

○ **She wants to eat something spicy.**
걔(그녀)는 매운 거 먹고 싶어 해.

STEP 3
대화로 패턴
익히기

대화를 통해 패턴을 익혀 보세요.

A What do you want to do tomorrow?
내일 뭐 하고 싶어?

B I want to visit my grandma.
나 할머니 뵈러 가고 싶어.

> **단어**
> go home 집에 가다 | see the movie 영화를 보다 | buy 사다 |
> get a haircut 머리를 자르다 | spicy 매운 | visit 방문하다

기본 패턴을 응용한 추가 패턴도 익혀 보세요.

한 단계 up! 활용도 100% 플러스 패턴

I just wanted to ~
난 그저 ~하고 싶었어

과거의 일에 대해 나의 의도를 말하거나 뭔가 해명을 할 때 쓸 수 있는 패턴이에요. to 뒤에 내가 의도한 바를 넣어 말해 보세요.

○ **I just wanted to be with you.**
난 그저 너와 함께 있고 싶었어.

○ **I just wanted to talk to you.**
난 그저 너와 얘기하고 싶었어.

○ **I just wanted to look cool.**
난 그저 멋있게 보이고 싶었어.

○ **I just wanted to apologize.**
난 그저 사과하고 싶었어.

○ **I just wanted to look around.**
난 그저 둘러보고 싶었어.

> **단어**   talk to ~와 얘기하다 | look cool 멋있게 보이다 | apologize 사과하다 |
> look around 둘러보다

패턴 바로 확인하기

다음 우리말을 주어진 Hint를 이용해 영어로 말해 보세요.

> **HINT**　go home　see the movie　buy a new one　look cool
> get a haircut　eat something spicy　talk to you

❶ 너 머리 자르고 싶어?

❷ 나 집에 가고 싶어.

❸ 난 새 걸 사고 싶었어.

❹ 나 그 영화 보고 싶어.

❺ 걔(그녀)는 매운 거 먹고 싶어 해.

❻ 난 새 걸 사고 싶어.

❼ 나 매운 거 먹고 싶어.

❽ 난 그저 너와 얘기하고 싶었어.

❾ 난 그저 멋있게 보이고 싶었어.

❿ 나 머리 자르고 싶어.

상대방이 해줬으면 하는 일을 말할 땐

I want you to ~ 네가 ~하면 좋겠어

상대방이 하길 바라는 걸 말할 때 쓸 수 있는 패턴이에요. 명령보다는 부드러운 어투지만 상대방이 거절하지 않았으면 하는 의미가 들어있어요. 주로 가까운 사이에 사용합니다. to 뒤에 상대방이 했으면 하는 일을 넣어서 말해 보세요.

음성 강의 / 원어민 발음

STEP 1
패턴 익히기

문장을 읽어 보며 패턴을 연습해 보세요.

I want you to
+
동사원형

○ **I want you to stay here.**
네가 여기 있어주면 좋겠어.

○ **I want you to be more honest.**
네가 더 솔직하면 좋겠어.

○ **I want you to listen to me.**
네가 내 말을 들으면 좋겠어.

○ **I want you to stop by here.**
네가 여기 들르면 좋겠어.

○ **I want you to have fun.**
네가 즐거웠으면 좋겠어.

패턴을 자유자재로 구사할 수 있도록 다양한 형태로 익혀 보세요.

○ She wants you to **stay here.**
걔(그녀)는 네가 여기 있어 주길 원해.

○ He wanted you to **be more honest.**
걔(그)는 네가 더 솔직하길 바랐어.

○ I wanted you to **listen to me.**
난 네가 내 말을 좀 들었으면 했어.

○ Does he want you to **stop by here?**
걔(그)는 네가 여기 들르면 좋겠대?

○ We wanted you to **have fun.**
우린 네가 즐거웠으면 했어.

STEP 3
대화로 패턴
익히기

대화를 통해 패턴을 익혀 보세요.

A I want you to meet my boyfriend.
네가 내 남자 친구를 한번 만나보면 좋겠어.

B Your boyfriend? You mean Tony or Jack?
네 남자 친구? Tony 말하는 거야, 아님 Jack?

> 단어 stay 머물다 ┆ honest 정직한 ┆ listen to ~의 말을 듣다 ┆ stop by 들르다
> ┆ have fun 즐거운 시간을 보내다 ┆ mean 의미하다

STEP 4
플러스 패턴

기본 패턴을 응용한 추가 패턴도 익혀 보세요.

 한 단계 up! 활용도 100% 플러스 패턴

Do you want me to ~?
내가 ~할까?

내가 어떤 일을 하길 상대방이 원하는지 물어볼 때 쓸 수 있는 패턴이에요. 직역하면 '넌 내가 ~하길 원하니?'인데, '내가 ~할까?' 또는 '내가 ~해 줄까?'라는 의미로 사용해 보세요.

○ Do you want me to **wait for you?**
내가 너 기다려 줄까?

○ Do you want me to **pick you up?**
내가 너 데리러 갈까?

○ Do you want me to **call the police?**
제가 경찰을 부를까요?

○ Do you want me to **ask him?**
내가 걔(그)한테 물어볼까?

○ Do you want me to **walk you home?**
내가 너 집에 데려다줄까?

단어　wait for ~를 기다리다 | pick up 데리러 가다 | call 부르다 |
walk ~ home ~를 집에 데려다주다

다음 우리말을 주어진 Hint를 이용해 영어로 말해 보세요.

> **HINT** stay here   be more honest   listen to me   have fun
> stop by here   pick you up   call the police

❶ 네가 여기 있어주면 좋겠어.

❷ 걔(그녀)는 네가 여기 있어 주길 원해.

❸ 네가 더 솔직하면 좋겠어.

❹ 내가 너 데리러 갈까?

❺ 네가 내 말을 들으면 좋겠어.

❻ 난 네가 내 말을 좀 들었으면 했어.

❼ 네가 즐거웠으면 좋겠어.

❽ 제가 경찰을 부를까요?

❾ 우린 네가 즐거웠으면 했어.

❿ 네가 여기 들르면 좋겠어.

hope

말하기 패턴

hope
활용법

hope는 '바라다, 희망하다'라는 뜻으로 가능성이 있는 긍정적인 일이 일어나길 바란다고 말할 때 써요. hope를 어떻게 활용해서 말할 수 있는지 알아볼까요?

❶ hope + for 명사: ~를 기대하다, ~를 바라다

I hope for success. 난 성공하길 바라.

❷ hope + to 동사원형: ~하길 바라다

I hope to see you soon. 난 널 곧 만나면 좋겠어.

❸ hope + (that +) 문장: ~이길 바라다

이때 that은 생략해서 말할 수 있어요.

I hope (that) you will like it. 네가 그걸 마음에 들어하면 좋겠어.

기대하고 바라는 것을 말할 땐

I'm hoping for ~ 난 ~를 바라고 있어

내가 지금 기대하고 있거나 바라고 있는 것을 말할 때 쓰는 패턴이에요. 어떤 긍정적인 일이 일어나길 바라는 의미를 갖고 있어요. for 뒤에 갖고 싶거나 바라는 걸 넣어 말해 보세요.

음성 강의 / 원어민 발음

STEP 1
패턴 익히기

문장을 읽어 보며 패턴을 연습해 보세요.

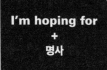

I'm hoping for
+
명사

○ **I'm hoping for success.**
난 성공하길 바라고 있어.

○ **I'm hoping for his recovery.**
난 걔(그)가 회복하길 바라고 있어.

○ **I'm hoping for a miracle.**
난 기적을 바라고 있어.

○ **I'm hoping for a promotion.**
난 승진을 기대하고 있어.

○ **I'm hoping for better weather.**
난 날씨가 더 좋길 바라고 있어.

STEP 2
패턴
활용하기

패턴을 자유자재로 구사할 수 있도록 다양한 형태로 익혀 보세요.

○ She is hoping for **success.**
개(그녀)는 성공하길 바라고 있어.

○ Are you hoping for **his recovery?**
넌 개(그)가 회복하길 바라고 있니?

○ I was hoping for **a miracle.**
난 기적을 바라고 있었어.

○ I don't hope for **a promotion.**
난 승진을 기대하지 않아.

○ We are hoping for **better weather.**
우린 날씨가 더 좋길 바라고 있어.

STEP 3
대화로 패턴
익히기

대화를 통해 패턴을 익혀 보세요.

A I'm looking forward to our picnic day!
난 우리 소풍 가는 날이 기다려져!

B Me, too. I'm hoping for good weather on that day.
나도야. 그날 날씨가 좋길 바라고 있어.

단어 success 성공 | recovery 회복 | miracle 기적 | promotion 승진 |
better 디 니은 | look forward to ~를 기다리다, ~를 기대하다

STEP 4
플러스 패턴

기본 패턴을 응용한 추가 패턴도 익혀 보세요.

 한 단계 up! 활용도 100% 플러스 패턴

I hope so. / I hope not.
그랬으면 좋겠어. / 안 그랬으면 좋겠어.

상대방이 어떤 가능성을 말할 때 본인도 그 일이 일어났으면 좋겠다고 말하려면 I hope so.를 사용해요. 반대로 상대방이 말한 내용이 일어나질 않길 바란다고 말할 땐 I hope not.으로 대답할 수 있어요.

○ **A Will Jane come to our party?** Jane이 우리 파티에 올까?
  B I hope so. 그랬으면 좋겠어.

○ **A Will it rain tomorrow?** 내일 비가 올까?
  B I hope not. 안 그랬으면 좋겠어.

○ **A Everything will be fine.** 모든 게 괜찮아질 거야.
  B I hope so. 그랬으면 좋겠어.

○ **A Are you going to work on the weekend?**
  너 주말에 출근해?
  B I hope not. 안 그랬으면 좋겠어.

> **단어** rain 비가 오다 | fine 괜찮은 | go to work 출근하다 |
> on the weekend 주말에

다음 우리말을 주어진 Hint를 이용해 영어로 말해 보세요.

> **HINT** success   his recovery   a miracle   a promotion
> better weather

① 난 성공하길 바라고 있어.

② 난 걔(그)가 회복하길 바라고 있어.

③ 우린 날씨가 더 좋길 바라고 있어.

④ 난 승진을 기대하고 있어.

⑤ 걔(그녀)는 성공하길 바라고 있어.

⑥ 넌 걔(그)가 회복하길 바라고 있니?

⑦ 난 기적을 바라고 있었어.

⑧ 난 승진을 기대하지 않아.

⑨ 난 날씨가 더 좋길 바라고 있어.

⑩ 난 기적을 바라고 있어.

정답 **①** I'm hoping for success. **②** I'm hoping for his recovery. **③** We are hoping for better weather.
④ I'm hoping for a promotion. **⑤** She is hoping for success. **⑥** Are you hoping for his recovery?
⑦ I was hoping for a miracle. **⑧** I don't hope for a promotion. **⑨** I'm hoping for better weather.
⑩ I'm hoping for a miracle.

앞으로 하길 바라는 일을 말할 때

I hope to ~ ~하길 바라 / ~하면 좋겠어

I hope to 패턴은 내가 앞으로 하길 바라는 일을 말할 때 쓸 수 있어요. 주로 긍정적이고 실현 가능성이 있는 일을 말할 때 씁니다. I hope to 뒤에 하길 바라는 일을 넣어 말해 보세요.

음성 강의 / 원어민 발음

STEP 1
패턴 익히기

문장을 읽어 보며 패턴을 연습해 보세요.

I hope to
+
동사원형

○ **I hope to see you soon.**
널 곧 만나면 좋겠어.

○ **I hope to work with you.**
당신과 함께 일하길 바랍니다.

○ **I hope to get my money back.**
내 돈을 다시 찾으면 좋겠어.

○ **I hope to buy the ticket.**
그 티켓을 살 수 있으면 좋겠어.

○ **I hope to pass the driving test.**
운전면허 시험에 합격하면 좋겠어.

패턴을 자유자재로 구사할 수 있도록 다양한 형태로 익혀 보세요.

○ **We hope to see you soon.**
우린 널 곧 만나길 바라.

○ **He hoped to work with you.**
그분(그)은 당신과 함께 일하길 원했어요.

○ **I don't hope to get my money back.**
내 돈을 다시 찾고 싶지 않아.

○ **Do you hope to buy the ticket?**
너 그 티켓 사고 싶어?

○ **She is hoping to pass the driving test.**
걔(그녀)는 운전면허 시험에 합격하길 바라고 있어.

대화를 통해 패턴을 익혀 보세요.

A It's time to say goodbye. Take care!
이제 작별 인사를 할 시간이네. 몸 건강히 지내!

B I hope to hear from you soon. I wish you luck!
곧 소식 듣길 바랄게. 행운을 빈다!

> **단어** get ~ back ~을 되찾다 | pass 합격하다, 통과하다 | driving test 운전면허
> 시험 | It's time to ~할 시간이다 | say goodbye 작별 인사를 하다

기본 패턴을 응용한 추가 패턴도 익혀 보세요.

 한 단계 up! 활용도 100% 플러스 패턴

I hope not to ~
난 ~하지 않으면 좋겠어

반대로 어떤 일을 하지 않길 바란다고 말할 때는 to 앞에 not을 붙이면 돼요. '난 ~하지 않으면 좋겠어'라는 뜻이에요.

○ **I hope not to be late.**
난 늦지 않으면 좋겠어.

○ **I hope not to let you down.**
난 널 실망시키지 않으면 좋겠어.

○ **I hope not to mess up.**
난 망치지 않으면 좋겠어.

○ **I hope not to see you again.**
난 널 다시 보지 않으면 좋겠어.

○ **I hope not to get nervous.**
난 긴장하지 않으면 좋겠어.

단어   let ~ down ~를 실망시키다 | mess up 망치다 | get nervous 긴장하다

다음 우리말을 주어진 Hint를 이용해 영어로 말해 보세요.

> **HINT** see you soon   work with you   get my money back
> buy the ticket   pass the driving test   let you down
> mess up

❶ 널 곧 만나면 좋겠어.

❷ 그분(그)은 당신과 함께 일하길 원했어요.

❸ 내 돈을 다시 찾으면 좋겠어.

❹ 그 티켓을 살 수 있으면 좋겠어.

❺ 걔(그녀)는 운전면허 시험에 합격하길 바라고 있어.

❻ 우린 널 곧 만나길 바라.

❼ 난 널 실망시키지 않으면 좋겠어.

❽ 너 그 티켓 사고 싶어?

❾ 당신과 함께 일하길 바랍니다.

❿ 난 망치지 않으면 좋겠어.

정답 ❶ I hope to see you soon. ❷ He hoped to work with you. ❸ I hope to get my money back.
❹ I hope to buy the ticket. ❺ She is hoping to pass the driving test. ❻ We hope to see you soon.
❼ I hope not to let you down. ❽ Do you hope to buy the ticket? ❾ I hope to work with you.
❿ I hope not to mess up.

09

어떤 일이 일어나길 바랄 땐

I hope ~ 난 ~이길 바라 / 난 ~면 좋겠어

어떤 일이 일어나길 바란다고 말할 때 쓸 수 있는 패턴으로 긍정적인 일이 생기길 바라는 마음을 표현해요. hope 뒤에 일어나길 바라는 내용을 나타내는 문장을 넣어 말할 수 있어요. I hope 뒤에 일어날 가능성이 없거나 부정적인 일은 말하지 않는다는 점에 유의하세요.

음성 강의 / 원어민 발음

STEP 1
패턴 익히기

문장을 읽어 보며 패턴을 연습해 보세요.

I hope
+
문장

○ **I hope you like it.**
난 그게 네 마음에 들면 좋겠어.

○ **I hope Jim is all right.**
난 Jim이 괜찮길 바라.

○ **I hope it goes well.**
전 그 일이 잘되길 바랍니다.

○ **I hope we're not late.**
난 우리가 늦지 않으면 좋겠어.

○ **I hope you get better soon.**
난 네가 빨리 회복하면 좋겠어.

패턴을 자유자재로 구사할 수 있도록 다양한 형태로 익혀 보세요.

○ **I hoped you liked it.**
난 네가 그걸 마음에 들어하길 바랐어.

○ **She hopes Jim is all right.**
걔(그녀)는 Jim이 괜찮길 바라고 있어.

○ **Do you hope it goes well?**
넌 그 일이 잘되길 바라니?

○ **I'm hoping we're not late.**
난 우리가 늦지 않길 바라고 있어.

○ **We hope you get better soon.**
우린 네가 빨리 회복하면 좋겠어.

STEP 3
대화로 패턴
익히기

대화를 통해 패턴을 익혀 보세요.

A I'm really excited about the trip to Busan!
난 부산으로 여행갈 생각에 정말 신나!

B I hope we will have lots of fun there.
거기서 우리가 정말 즐거운 시간을 보내면 좋겠어.

단어 all right 괜찮은 | go well 잘되다 | get better 회복하다 |
excited 신난, 흥분한

기본 패턴을 응용한 추가 패턴도 익혀 보세요.

 한 단계 up! 활용도 100% 플러스 패턴

Let's hope ~
~이길 바라자

'~하자'라는 의미인 Let's를 hope 앞에 쓰면 뭔가 좋고 긍정적인 일이 일어나길 바라자고 서로를 독려하는 뜻의 패턴이 돼요. hope 뒤에 다같이 바라는 일을 넣어 말해 보세요.

○ **Let's hope he is okay.**
개(그)가 괜찮길 바라자.

○ **Let's hope the rain stops.**
비가 그치길 바라자.

○ **Let's hope we'll arrive home safely.**
우리가 집에 안전하게 도착하길 바라자.

○ **Let's hope our dream will come true.**
우리 꿈이 이뤄지길 바라자.

○ **Let's hope we can win the game.**
우리가 경기에서 이길 수 있길 바라자.

단어 stop 멈추다 | arrive 도착하다 | safely 안전하게 | come true 이뤄지다, 실현되다 | win 이기다

패턴 바로 확인하기

다음 우리말을 주어진 Hint를 이용해 영어로 말해 보세요.

> **HINT** you like it   Jim is all right   it goes well   we're not late
> you get better soon   our dream will come true
> the rain stops

❶ 난 그게 네 마음에 들면 좋겠어.

❷ 난 우리가 늦지 않길 바라고 있어.

❸ 걔(그녀)는 Jim이 괜찮길 바라고 있어.

❹ 전 그 일이 잘되길 바랍니다.

❺ 난 네가 빨리 회복하면 좋겠어.

❻ 난 네가 그걸 마음에 들어하길 바랐어.

❼ 비가 그치길 바라자.

❽ 넌 그 일이 잘되길 바라니?

❾ 난 우리가 늦지 않으면 좋겠어.

❿ 우리 꿈이 이뤄지길 바라자.

정답 ❶ I hope you like it. ❷ I'm hoping we're not late. ❸ She hopes Jim is all right. ❹ I hope it goes well. ❺ I hope you get better soon. ❻ I hoped you liked it. ❼ Let's hope the rain stops. ❽ Do you hope it goes well? ❾ I hope we're not late. ❿ Let's hope our dream will come true.

think
말하기 패턴

think
활용법

think는 '생각하다'라는 뜻으로 주어의 생각이나 의견을 말할 때 써요. think를 어떻게 활용해서 말할 수 있는지 알아볼까요?

❶ think of + 명사: ~를 생각하다, ~를 떠올리다

think of는 어떤 대상을 머리에 떠올린다는 느낌이에요.

Think of your future. 너의 미래를 생각해 봐.

❷ think about + 명사/동사ing: ~에 관해 생각하다, ~에 대해 고려하다

think about은 어떤 대상과 그 주변까지 깊게 생각해 본다는 느낌이에요. think about 뒤에 동사ing를 쓰면 그 일을 할까 고려한다는 뜻이 돼요.

I'll think about the matter. 그 일에 대해 생각해 볼게.

I'm thinking about quitting my job. 난 일을 그만둘까 생각 중이야.

❸ think + (that +) 문장: ~라고 생각하다, ~인 것 같다

think 뒤에 문장을 쓰면 주어의 의견이나 생각을 전달할 수 있어요.

I think it's the best. 난 그게 최선이라고 생각해.

Think of ~ ~를 생각해 봐

상대방이 미처 생각하지 못했던 부분을 짚어 주거나 떠올려 봤으면 하는 걸 말할 때 명령문으로 이 패턴을 사용할 수 있어요. of 뒤에 상대방이 고려하거나 생각해 냈으면 하는 내용을 넣어 '~를 생각해 봐'라고 말해 보세요.

음성 강의 / 원어민 발음

STEP 1
패턴 익히기

문장을 읽어 보며 패턴을 연습해 보세요.

Think of
+
명사

○ **Think of the expenses.**
그 비용을 생각해 봐.

○ **Think of the other side.**
다른 면을 생각해 봐.

○ **Think of the safety problem.**
안전 문제를 생각해 봐.

○ **Think of the side effects.**
부작용을 생각해 봐.

○ **Think of something better.**
더 나은 걸 생각해 봐.

패턴을 자유자재로 구사할 수 있도록 다양한 형태로 익혀 보세요.

○ **Don't think of the expenses.**
그 비용은 생각하지 마.

○ **He doesn't think of the other side.**
걔(그)는 다른 면을 생각 안 해.

○ **I didn't think of the safety problem.**
난 안전 문제는 생각 못했어.

○ **I thought of the side effects.**
난 부작용에 대해 생각했어.

○ **I'll think of something better.**
난 더 나은 걸 생각해 볼게.

STEP 3
대화로 패턴
익히기

대화를 통해 패턴을 익혀 보세요.

A I'm really sick and tired of my job. I want to quit.
난 정말로 내 일이 지겨워. 그만두고 싶어.

B I know what you mean, but **think of** your future.
무슨 말인지 알지만 네 미래를 생각해 봐.

단어 expense 비용 | the other side 다른 면 | safety 안전 |
side effect 부작용 | better 더 나은 | sick and tired of ~가 (아주) 지겨운 |
quit 그만두다

STEP 4
플러스 패턴

기본 패턴을 응용한 추가 패턴도 익혀 보세요.

 한 단계 up! 활용도 100% 플러스 패턴

I can't think of ~
난 ~가 생각이 안 나 / 난 ~가 안 떠올라

뭔가 떠올리거나 기억해 내고 싶은데 잘 생각이 나지 않는다고 말할 때 쓸 수 있는 패턴이에요. of 뒤에 생각나지 않는 걸 넣어 말해 보세요.

○ **I can't think of her name.**
난 걔(그녀) 이름이 생각이 안 나.

○ **I can't think of a good idea.**
난 좋은 생각이 안 떠올라.

○ **I can't think of a better way.**
난 더 나은 방법이 안 떠올라.

○ **I can't think of any excuses.**
난 어떤 변명도 떠오르지 않아.

○ **I can't think of the title of the movie.**
난 그 영화 제목이 생각이 안 나.

단어 way 방법 | excuse 변명 | title 제목

패턴 바로 확인하기

다음 우리말을 주어진 Hint를 이용해 영어로 말해 보세요.

> **HINT**   the expenses   the other side   the safety problem
> the side effects   something better   a better way
> any excuses

❶ 그 비용을 생각해 봐.

❷ 난 부작용에 대해 생각했어.

❸ 안전 문제를 생각해 봐.

❹ 난 더 나은 걸 생각해 볼게.

❺ 그 비용은 생각하지 마.

❻ 부작용을 생각해 봐.

❼ 난 더 나은 방법이 안 떠 올라.

❽ 더 나은 걸 생각해 봐.

❾ 난 안전 문제는 생각 못했어.

❿ 난 어떤 변명도 떠오르지 않아.

정답   **❶** Think of the expenses. **❷** I thought of the side effects. **❸** Think of the safety problem. **❹** I'll think of something better. **❺** Don't think of the expenses. **❻** Think of the side effects. **❼** I can't think of a better way. **❽** Think of something better. **❾** I didn't think of the safety problem. **❿** I can't think of any excuses.

I'm thinking about ~ 난~할까 생각 중이야

무언가 계획에 옮기고 싶거나 실천하고 싶은 일을 말할 때 쓸 수 있는 패턴이에요. 할까 말까 고민 중인 일을 말할 때도 쓸 수 있어요. 하려고 생각하는 일을 about 뒤에 넣어 말해 보세요.

음성 강의 / 원어민 발음

STEP 1
패턴 익히기

문장을 읽어 보며 패턴을 연습해 보세요.

I'm thinking
about
+
동사ing

○ **I'm thinking about getting a haircut.**
난 머리를 자를까 생각 중이야.

○ **I'm thinking about taking a day off.**
난 하루 쉴까 생각 중이야.

○ **I'm thinking about buying the house.**
난 그 집을 살까 생각 중이야.

○ **I'm thinking about quitting my job.**
난 일을 그만둘까 생각 중이야.

○ **I'm thinking about changing my major.**
난 전공을 바꿀까 생각 중이야.

STEP 2
패턴
활용하기

패턴을 자유자재로 구사할 수 있도록 다양한 형태로 익혀 보세요.

○ **Are you thinking about getting a haircut?**
넌 머리를 자를까 생각 중이니?

○ **I was thinking about taking a day off.**
난 하루 쉴까 생각 중이었어.

○ **I'm not thinking about buying the house.**
난 그 집을 살 생각을 하고 있지 않아.

○ **Is he thinking about quitting his job?**
걔(그)는 일을 그만둘까 생각 중이래?

○ **She is thinking about changing her major.**
걔(그녀)는 전공을 바꿀까 생각 중이야.

STEP 3
대화로 패턴
익히기

대화를 통해 패턴을 익혀 보세요.

A **I'm thinking about going on a trip.**
난 여행을 갈까 생각 중이야.

B **Can I join you? Anywhere is fine with me.**
나도 같이 가도 돼? 어디든 상관없어.

단어 get a haircut 머리를 자르다 | take a day off 하루 쉬다 |
quit one's job 일을 그만두다 | major 전공 | go on a trip 여행을 가다

기본 패턴을 응용한 추가 패턴도 익혀 보세요.

한 단계 up! 활용도 100% 플러스 패턴

Don't even think about ~
~할 생각은 하지도 마

상대방이 하려고 하는 행동을 단호하게 막거나 거절할 때 쓸 수 있는 패턴이에요. about 뒤에 상대방이 하려는 행동을 넣어 말해 보세요.

○ **Don't even think about asking her out.**
걔(그녀)한테 데이트 신청할 생각은 하지도 마.

○ **Don't even think about buying a new car.**
새 차를 살 생각은 하지도 마.

○ **Don't even think about lying to me.**
나한테 거짓말할 생각은 하지도 마.

○ **Don't even think about changing your mind.**
마음을 바꿀 생각은 하지도 마.

○ **Don't even think about turning on the TV.**
티비를 켤 생각은 하지도 마.

단어 ask ~ out ~에게 데이트 신청하다 | lie 거짓말하다 | mind 마음 |
turn on 켜다

다음 우리말을 주어진 Hint를 이용해 영어로 말해 보세요.

> **HINT** getting a haircut   taking a day off   buying the house
> quitting one's job   changing one's major   lying to me
> turning on the TV

❶ 난 머리를 자를까 생각 중이야.

❷ 난 하루 쉴까 생각 중이었어.

❸ 난 그 집을 살까 생각 중이야.

❹ 걔(그)는 일을 그만둘까 생각 중이래?

❺ 난 전공을 바꿀까 생각 중이야.

❻ 난 하루 쉴까 생각 중이야.

❼ 나한테 거짓말할 생각은 하지도 마.

❽ 난 그 집을 살 생각을 하고 있지 않아.

❾ 티비를 켤 생각은 하지도 마.

❿ 난 일을 그만둘까 생각 중이야.

정답 ❶ I'm thinking about getting a haircut. ❷ I was thinking about taking a day off. ❸ I'm thinking about buying the house. ❹ Is he thinking about quitting his job? ❺ I'm thinking about changing my major. ❻ I'm thinking about taking a day off. ❼ Don't even think about lying to me. ❽ I'm not thinking about buying the house. ❾ Don't even think about turning on the TV. ❿ I'm thinking about quitting my job.

생각과 의견을 전할 땐

I think ~ 난 ~라고 생각해 / 난 ~인 것 같아

I think 패턴을 사용해 내 의견이나 생각 또는 내가 맞다고 믿는 사실을 전달할 수 있어요. 또는 내가 말하는 내용이 아직은 불확실하다는 의미를 더해주기도 해요. 전하고 싶은 문장 앞에 I think를 붙여 '난 ~라고 생각해, 난 ~인 것 같아'라고 말해 보세요.

음성 강의 / 원어민 발음

STEP 1
패턴 익히기

문장을 읽어 보며 패턴을 연습해 보세요.

I think
+
문장

○ **I think you're right.**
난 네가 맞는 거 같아.

○ **I think he is fine.**
난 걔(그)가 괜찮은 거 같아.

○ **I think it's the best.**
난 그게 최선이라고 생각해.

○ **I think I can do it.**
난 내가 할 수 있을 것 같아.

○ **I think you made a mistake.**
난 네가 실수한 거 같아.

패턴을 자유자재로 구사할 수 있도록 다양한 형태로 익혀 보세요.

○ **I don't think you're right.**
난 네가 맞다고 생각하지 않아.

○ **Do you think he is fine?**
넌 걔(그)가 괜찮다고 생각하니?

○ **I thought it was the best.**
난 그게 최선이라고 생각했어.

○ **She thinks I can do it.**
걔(그녀)는 내가 할 수 있을 거라 생각해.

○ **He doesn't think you made a mistake.**
걔(그)는 네가 실수했다고 생각하지 않아.

대화를 통해 패턴을 익혀 보세요.

A **I think Serena likes Brad.**
세레나가 브래드를 좋아하는 거 같아.

B **You can say that again! It's too obvious.**
내 말이! 너무 티가 나.

단어 right 맞는, 옳은 | fine 괜찮은 | make a mistake 실수하다 |
You can say that again. 내 말이. | obvious 명백한, 분명한

STEP 4
플러스 패턴

기본 패턴을 응용한 추가 패턴도 익혀 보세요.

 한 단계 up! 활용도 100% 플러스 패턴

I think you should ~
너 ~해야 할 것 같아

상대방에게 조심스럽게 충고나 제안을 하는 의미의 패턴으로 should 뒤에 상대방이 했으면 하는 일을 넣어 말해 보세요.

○ **I think you should see a doctor.**
너 병원에 가 봐야 할 거 같아.

○ **I think you should talk to him.**
너 걔(그)랑 얘기 좀 해 봐야 할 거 같아.

○ **I think you should know about it.**
너 그 일에 대해 알아야 할 거 같아.

○ **I think you should slow down.**
너 속도를 줄여야 할 거 같아.

○ **I think you should stay away from him.**
너 걔(그)를 멀리해야 할 거 같아.

단어 see a doctor 병원에 가다 | slow down 속도를 줄이다 |
stay away from ~를 멀리하다

다음 우리말을 주어진 Hint를 이용해 영어로 말해 보세요.

> **HINT** you're right   he is fine   it's the best   I can do it
> you made a mistake   slow down   stay away from him

❶ 난 네가 맞는 거 같아.

❷ 넌 걔(그)가 괜찮다고 생각하니?

❸ 난 그게 최선이라고 생각했어.

❹ 난 내가 할 수 있을 것 같아.

❺ 난 네가 실수한 거 같아.

❻ 너 속도를 줄여야 할 거 같아.

❼ 난 그게 최선이라고 생각해.

❽ 걔(그녀)는 내가 할 수 있을 거라 생각해.

❾ 걔(그)는 네가 실수했다고 생각하지 않아.

❿ 너 걔(그)를 멀리해야 할 거 같아.

정답   ❶ I think you're right. ❷ Do you think he is fine? ❸ I thought it was the best. ❹ I think I can do it. ❺ I think you made a mistake. ❻ I think you should slow down. ❼ I think it's the best. ❽ She thinks I can do it. ❾ He doesn't think you made a mistake. ❿ I think you should stay away from him.

know
말하기 패턴

know
활용법

know는 '알다, 알고 있다'라는 뜻으로 알고 있는 사실이나 인지하고 있는 일을 나타낼 때 써요. know를 어떻게 활용해서 말할 수 있는지 알아볼까요?

❶ know + 명사: ~를 알다, ~를 알고 있다

I know his number. 나 걔(그의) 전화번호 알아.

❷ know + (that +) 문장: ~라는 걸 알다

I know you'll do well. 네가 잘 할 거라는 거 알아.

❸ know + 의문사 + to 동사원형/문장: ~할지 안다, ~인지 안다

know 뒤에 '의문사 + to 동사원형'을 쓰면 의문사 뜻에 따라 '어떻게, 언제, 무엇을, 어디서 ~할지 안다'라는 뜻이 돼요. 또는 의문사 뒤에 문장을 넣어 '어떻게, 언제, 무엇을, 어디서, 왜 ~인지 안다'라고 말할 수 있어요. why는 '의문사 + to 동사원형' 형태로 쓸 수 없으니 주의하세요.

I know how to drive. 나 운전할 줄 알아.

I know why Amy said that. 난 Amy가 그렇게 말한 이유를 알아.

❹ don't know + if + 문장: ~인지 모른다

know 뒤에 '~인지'를 나타내는 if와 문장을 말할 수 있어요. 이럴 때는 확신이 없는 내용을 나타내기 때문에 주로 의문문과 부정문으로 말합니다.

I don't know if Eric is coming. 난 Eric이 오는지 모르겠어.

알고 있는 걸 말할 땐

I know ~ 나 ~ 알아 / 난 ~을 알고 있어

I know는 내가 알고 있는 걸 말할 때 쓸 수 있는 패턴이에요. I know 뒤에 내가 알고 있는 사람이나 사물을 넣어 말하거나 알고 있거나 확신하고 있는 내용을 넣어 말할 수도 있어요.

음성 강의 / 원어민 발음

STEP 1
패턴 익히기

문장을 읽어 보며 패턴을 연습해 보세요.

I know
+
명사/문장

○ **I know the answer.**
난 정답을 알아.

○ **I know his number.**
나 걔(그의) 전화번호 알아.

○ **I know she lied to me.**
난 걔(그녀)가 나한테 거짓말한 거 알아.

○ **I know you'll do well.**
난 네가 잘 할 거라는 거 알아.

○ **I know you're having a hard time.**
난 네가 힘들어하고 있는 거 알아.

STEP 2
패턴
활용하기

패턴을 자유자재로 구사할 수 있도록 다양한 형태로 익혀 보세요.

○ **She knows the answer.**
걔(그녀)는 정답을 알아.

○ **Do you know his number?**
너 걔(그의) 전화번호 알아?

○ **I didn't know she lied to me.**
난 걔(그녀)가 나한테 거짓말한 거 몰랐어.

○ **Everyone knows you'll do well.**
모두가 네가 잘 할 거라는 거 알아.

○ **Does he know you're having a hard time?**
걔(그)는 네가 힘들어하고 있는 거 아니?

STEP 3
대화로 패턴
익히기

대화를 통해 패턴을 익혀 보세요.

A I know you're seeing someone these days.
난 네가 요즘 누구 만나고 있는 거 알아.

B How do you know that?
네가 그걸 어떻게 알아?

단어 answer 정답, 대답 | lie 거짓말하다 | have a hard time 힘든 시간을 보내다 | be seeing someone 누군가를 만나고 있다

기본 패턴을 응용한 추가 패턴도 익혀 보세요.

 한 단계 up! 활용도 100% 플러스 패턴

··

I don't know anything about ~
난 ~에 대해서는 아무것도 몰라

무엇에 대해 전혀 아는 바가 없다고 말할 때 쓸 수 있는 패턴이에요. about 뒤에 내가 잘 모르는 걸 넣어 말하면 돼요.

○ **I don't know anything about the movie.**
난 그 영화에 대해서는 아무것도 몰라.

○ **I don't know anything about art.**
난 예술에 대해서는 아무것도 몰라.

○ **I don't know anything about the accident.**
난 그 사고에 대해서는 아무것도 몰라.

○ **I don't know anything about fashion.**
난 패션에 대해서는 아무것도 몰라.

○ **I don't know anything about management.**
난 경영에 대해서는 아무것도 몰라.

단어 art 예술 | accident 사고 | management 경영

패턴 바로 확인하기

다음 우리말을 주어진 Hint를 이용해 영어로 말해 보세요.

> **HINT**
>
> the answer   his number   she lied to me   you'll do well
>
> you're having a hard time   the accident   management

❶ 너 걔(그의) 전화번호 알아?

❷ 난 정답을 알아.

❸ 걔(그)는 네가 힘들어하고 있는 거 아니?

❹ 난 걔(그녀)가 나한테 거짓말한 거 알아.

❺ 난 네가 잘 할 거라는 거 알아.

❻ 난 그 사고에 대해서는 아무것도 몰라.

❼ 걔(그녀)는 정답을 알아.

❽ 난 걔(그녀)가 나한테 거짓말한 거 몰랐어.

❾ 모두가 네가 잘 할 거라는 거 알아.

❿ 난 경영에 대해서는 아무것도 몰라.

정답
❶ Do you know his number? ❷ I know the answer. ❸ Does he know you're having a hard time?
❹ I know she lied to me. ❺ I know you'll do well. ❻ I don't know anything about the accident.
❼ She knows the answer. ❽ I didn't know she lied to me. ❾ Everyone knows you'll do well.
❿ I don't know anything about management.

할 줄 아는 일을 말할 땐

I know how to ~ 나 ~할 줄 알아

'어떻게'라는 뜻의 how와 「to + 동사원형」을 함께 쓰면 '~하는 방법'이라는 의미가 돼요.
따라서 I know how to는 '~하는 방법을 안다, ~할 줄 안다'라고 말하는 패턴이 됩니다.
to 뒤에 할 줄 아는 일을 넣어 말해 보세요.

음성 강의 / 원어민 발음

STEP 1
패턴 익히기

문장을 읽어 보며 패턴을 연습해 보세요.

I know how to
+
동사원형

○ **I know how to ride a bike.**
나 자전거 탈 줄 알아.

○ **I know how to drive.**
나 운전할 줄 알아.

○ **I know how to get there.**
나 거기 가는 방법 알아.

○ **I know how to play tennis.**
나 테니스 칠 줄 알아.

○ **I know how to download it.**
나 그거 다운로드하는 방법 알아.

패턴을 자유자재로 구사할 수 있도록 다양한 형태로 익혀 보세요.

○ He knows how to **ride a bike.**
  걔(그는) 자전거 탈 줄 알아.

○ Do you know how to **drive?**
  너 운전할 줄 알아?

○ I don't know how to **get there.**
  난 거기 가는 방법 몰라.

○ She doesn't know how to **play tennis.**
  걔(그녀)는 테니스 칠 줄 몰라.

○ I didn't know how to **download it.**
  난 그거 다운로드하는 방법을 몰랐어.

STEP 3
대화로 패턴
익히기

대화를 통해 패턴을 익혀 보세요.

A This espresso machine doesn't work again.
  이 커피 머신 또 작동이 안 돼.

B Let me see. I know how to fix this!
  어디 보자. 나 이거 고칠 줄 알아!

단어 ride a bike 자전거를 타다 | work 작동하다 | fix 고치다

STEP 4
플러스 패턴

기본 패턴을 응용한 추가 패턴도 익혀 보세요.

 한 단계 up! 활용도 100% 플러스 패턴

You don't even know how to ~
넌 ~할 줄도 모르잖아

'~조차'라는 뜻의 even을 넣어 상대방에게 어떤 일 조차 할 줄도 모른다며 핀잔을 주는 뉘앙스로 쓸 수 있는 패턴이에요. to 뒤에 상대방이 할 줄모르는 일을 넣어 말해 보세요.

○ You don't even know how to **cook.**
넌 요리할 줄도 모르잖아.

○ You don't even know how to **fight.**
넌 싸울 줄도 모르잖아.

○ You don't even know how to **love someone.**
넌 누군가를 사랑할 줄도 모르잖아.

○ You don't even know how to **use the app.**
넌 그 앱을 사용할 줄도 모르잖아.

○ You don't even know how to **express your feelings.**
넌 네 감정을 드러낼 줄도 모르잖아.

단어 express 드러내다, 표출하다 | feeling 감정

패턴 바로 확인하기

다음 우리말을 주어진 Hint를 이용해 영어로 말해 보세요.

> **HINT** ride a bike   drive   get there   play tennis   download it
> fight   express your feelings

❶ 나 자전거 탈 줄 알아.

❷ 나 운전할 줄 알아.

❸ 나 거기 가는 방법 알아.

❹ 나 테니스 칠 줄 알아.

❺ 나 그거 다운로드하는 방법 알아.

❻ 넌 싸울 줄도 모르잖아.

❼ 너 운전할 줄 알아?

❽ 난 거기 가는 방법 몰라.

❾ 넌 네 감정을 드러낼 줄도 모르잖아.

❿ 난 그거 다운로드하는 방법을 몰랐어.

정답 ❶ I know how to ride a bike. ❷ I know how to drive. ❸ I know how to get there. ❹ I know how to play tennis. ❺ I know how to download it. ❻ You don't even know how to fight. ❼ Do you know how to drive? ❽ I don't know how to get there. ❾ You don't even know how to express your feelings. ❿ I didn't know how to download it.

확신이 없거나 잘 모르는 일을 말할 땐

I don't know if ~ 난 ~인지 모르겠어

어떤 일에 대해 확신이 없거나 잘 모르겠다고 말할 때 쓸 수 있는 패턴으로, 여기서 if는 '~인지 아닌지'라는 의미를 나타내요. 확신이 없고 잘 모르는 내용을 전하기 때문에 주로 부정문 또는 의문문 형태로 사용합니다. if 뒤에 어떤 내용을 잘 모르겠는지 넣어서 말해 보세요.

음성 강의 / 원어민 발음

STEP 1
패턴 익히기

문장을 읽어 보며 패턴을 연습해 보세요.

I don't know if
+
문장

○ **I don't know if Eric is coming.**
난 Eric이 오는지 모르겠어.

○ **I don't know if she's married.**
난 걔(그녀)가 결혼했는지 모르겠어.

○ **I don't know if the restaurant is still open.**
난 그 식당이 아직 영업하는지 모르겠어.

○ **I don't know if Dave can get better.**
난 Dave가 회복할 수 있을지 모르겠어.

○ **I don't know if there's anything wrong.**
난 무슨 문제가 있는 건지 모르겠어.

패턴을 자유자재로 구사할 수 있도록 다양한 형태로 익혀 보세요.

O **She doesn't know if Eric is coming.**
걔(그녀)는 Eric이 오는지 몰라.

O **I didn't know if she's married.**
난 걔(그녀)가 결혼한지 몰랐어.

O **Do you know if the restaurant is still open?**
너 그 식당이 아직 영업하는지 아니?

O **Nobody knows if Dave can get better.**
Dave가 회복할 수 있을지는 아무도 몰라.

O **Does he know if there's anything wrong?**
걔(그)는 무슨 문제가 있는 건지 알고 있어?

STEP 3
대화로 패턴
익히기

대화를 통해 패턴을 익혀 보세요.

A How was the job interview?
면접 본 거 어땠어?

B It was terrible. **I don't know if** I can pass it.
끔찍했어. 내가 합격을 할 수 있을지 모르겠어.

단어   be married 결혼하다 | wrong 잘못된 | job interview 면접 |
terrible 끔찍한 | pass 합격하다 |

기본 패턴을 응용한 추가 패턴도 익혀 보세요.

 한 단계 up! 활용도 100% 플러스 패턴

Let me know if ~
~인지 알려줘

Let me know는 '나에게 알려줘'라는 뜻이에요. 뒤에 '~인지 아닌지'를 나타내는 if를 붙여 '나한테 ~인지 알려줘'라는 의미로 쓸 수 있어요.

○ **Let me know if he likes it.**
걔(그)가 그걸 마음에 들어하는지 알려줘.

○ **Let me know if she can attend.**
걔(그녀)가 참석할 수 있는지 알려줘.

○ **Let me know if it's enough.**
그게 충분한지 알려줘.

○ **Let me know if it's possible.**
그게 가능한지 알려줘.

○ **Let me know if you can join us.**
네가 우리와 함께 할 수 있는지 알려줘.

> 단어   attend 참석하다 | enough 충분한 | possible 가능한 |
> join 함께 하다, 합류하다

패턴 바로 확인하기

다음 우리말을 주어진 Hint를 이용해 영어로 말해 보세요.

> **HINT**
> Eric is coming   she's married   the restaurant is still open
> Dave can get better   there's anything wrong
> she can attend   it's possible

❶ 걔(그녀)는 Eric이 오는지 몰라.

❷ 난 걔(그녀)가 결혼했는지 모르겠어.

❸ 너 그 식당이 아직 영업하는지 아니?

❹ 난 Dave가 회복할 수 있을지 모르겠어.

❺ 걔(그)는 무슨 문제가 있는 건지 알고 있어?

❻ 걔(그녀)가 참석할 수 있는지 알려줘.

❼ 난 그 식당이 아직 영업하는지 모르겠어.

❽ Dave가 회복할 수 있을지는 아무도 몰라.

❾ 그게 가능한지 알려줘.

❿ 난 무슨 문제가 있는 건지 모르겠어.

정답   ❶ She doesn't know if Eric is coming. ❷ I don't know if she's married. ❸ Do you know if the restaurant is still open? ❹ I don't know if Dave can get better. ❺ Does he know if there's anything wrong? ❻ Let me know if she can attend. ❼ I don't know if the restaurant is still open. ❽ Nobody knows if Dave can get better. ❾ Let me know if it's possible. ❿ I don't know if there's anything wrong.

I know why ~ 난 ~인 이유를 알아

어떤 일에 대한 이유를 안다고 말할 때 쓸 수 있는 패턴이에요. why는 '~한 이유'라는 뜻으로 뒤에 내가 이유를 알고 있는 상황을 넣어 말하면 돼요. 부정문인 I don't know why는 이유를 알 수 없거나 이해할 수 없는 일을 전달하는 의미가 됩니다.

음성 강의 / 원어민 발음

STEP 1
패턴 익히기

문장을 읽어 보며 패턴을 연습해 보세요.

**I know why
+
문장**

○ **I know why Amy said that.**
난 Amy가 그렇게 말한 이유를 알아.

○ **I know why he is so angry.**
난 걔(그)가 그렇게 화가 난 이유를 알아.

○ **I know why it happened.**
난 그 일이 벌어진 이유를 알아.

○ **I know why Dan is here.**
난 Dan이 여기 있는 이유를 알아.

○ **I know why they broke up.**
난 걔네가 헤어진 이유를 알아.

패턴을 자유자재로 구사할 수 있도록 다양한 형태로 익혀 보세요.

○ **She knows why Amy said that.**
걔(그녀)는 Amy가 그렇게 말한 이유를 알고 있어.

○ **I don't know why he was so angry.**
난 걔(그)가 그렇게 화가 났었던 이유를 몰라.

○ **I didn't know why it happened.**
난 그 일이 벌어진 이유를 몰랐어.

○ **Do they know why Dan is here?**
걔네는 왜 Dan이 여기 있는지 알아?

○ **Do you know why they broke up?**
넌 걔네가 헤어진 이유를 알고 있어?

대화를 통해 패턴을 익혀 보세요.

A **I don't know why Ben left in a hurry.**
난 Ben이 급하게 떠난 이유를 모르겠어.

B **I heard that he got an urgent call from his boss.**
상사에게 급한 전화를 받았다고 들었어.

단어 | happen 벌어지다, 발생하다 | break up 헤어지다 | in a hurry 급하게 |
urgent 급한 |

STEP 4
플러스 패턴

기본 패턴을 응용한 추가 패턴도 익혀 보세요.

 한 단계 up! 활용도 100% 플러스 패턴

I don't know why, but ~
왠지 모르지만 ~

특별한 이유를 잘 모르겠지만 어떤 일이 일어났다고 말할 때 쓸 수 있는 패턴이에요. but 뒤에 영문을 잘 모르겠는 상황이나 느낌을 넣어 말해 보세요.

○ **I don't know why, but I'm tired.**
왠지 모르겠지만 나 피곤해.

○ **I don't know why, but I don't like him.**
왠지 모르겠지만 난 걔(그)가 싫어.

○ **I don't know why, but she is so popular.**
왠지 모르겠지만 걔(그녀)는 인기가 정말 많아.

○ **I don't know why, but he gave me a present.**
왠지 모르겠지만 걔(그)가 나한테 선물을 줬어.

○ **I don't know why, but they hate me.**
왠지 모르겠지만 걔네들은 나를 싫어해.

단어 popular 인기가 많은 | present 선물 | hate 싫어하다

패턴 바로 확인하기

다음 우리말을 주어진 Hint를 이용해 영어로 말해 보세요.

> **HINT** Amy said that   he is so angry   it happened
> Dan is here   they broke up   she is so popular
> they hate me

❶ 난 그 일이 벌어진 이유를 몰랐어.

❷ 난 걔(그)가 그렇게 화가 난 이유를 알아.

❸ 걔네는 왜 Dan이 여기 있는지 알아?

❹ 난 걔네가 헤어진 이유를 알아.

❺ 난 Amy가 그렇게 말한 이유를 알아.

❻ 왠지 모르겠지만 걔(그녀)는 인기가 정말 많아.

❼ 난 걔(그)가 그렇게 화가 났었던 이유를 몰라.

❽ 난 그 일이 벌어진 이유를 알아.

❾ 왠지 모르겠지만 걔네들은 나를 싫어해.

❿ 넌 걔네가 헤어진 이유를 알고 있어?

정답 ❶ I didn't know why it happened. ❷ I know why he is so angry. ❸ Do they know why Dan is here? ❹ I know why they broke up. ❺ I know why Amy said that. ❻ I don't know why, but she is so popular. ❼ I don't know why he was so angry. ❽ I know why it happened. ❾ I don't know why, but they hate me. ❿ Do you know why they broke up?

like
말하기 패턴

like
활용법

like는 '좋아하다, 마음에 들다'라는 뜻으로 주어가 좋아하고 선호하는 걸 나타낼 때 써요. like 앞에 would를 붙여 말하면 좀 더 공손한 의미가 돼요. like를 어떻게 활용해서 말할 수 있는지 알아볼까요?

❶ like + 명사: ~를 좋아하다, ~가 마음에 들다

I like horror movies. 난 공포 영화를 좋아해.

❷ like + to 동사원형: ~하는 거 좋아하다

I like to listen to music. 나 음악 듣는 거 좋아해.

❸ would like + 명사: ~를 원하다

I'd like(=I would like) a window seat. 창가 쪽 좌석으로 하고 싶어요.

❹ would like + to 동사원형: ~를 하고 싶다

I'd like(=I would like) to get a haircut. 머리를 자르고 싶어요

좋아하는 걸 말할 땐

I like ~ 난 ~가 좋아 / 난 ~가 마음에 들어

I like는 내가 좋아하는 걸 말할 때 쓸 수 있는 패턴이에요. like 뒤에 마음에 들거나 좋아하는 사람이나 사물을 넣어 말해 보세요.

음성 강의 / 원어민 발음

STEP 1
패턴 익히기

문장을 읽어 보며 패턴을 연습해 보세요.

I like
+
명사

○ **I like horror movies.**
난 공포 영화를 좋아해.

○ **I like his style.**
난 걔(그)의 방식이 좋아.

○ **I like that color.**
난 저 색깔이 마음에 들어.

○ **I like this sweater.**
난 이 스웨터가 마음에 들어.

○ **I like weak coffee.**
난 연한 커피를 좋아해.

패턴을 자유자재로 구사할 수 있도록 다양한 형태로 익혀 보세요.

○ **I don't like horror movies.**
난 공포 영화를 안 좋아해.

○ **I liked his style.**
난 걔(그)의 방식이 좋았어.

○ **Do you like that color?**
넌 저 색깔이 마음에 드니?

○ **Does she like this sweater?**
걔(그녀)는 이 스웨터를 마음에 들어하니?

○ **He likes weak coffee.**
걔(그)는 연한 커피를 좋아해.

대화를 통해 패턴을 익혀 보세요.

A **I like this one, but it's too expensive.**
난 이게 마음에 드는데 너무 비싸네.

B **How about this one? It's on sale.**
이건 어때? 할인 중이야.

단어 horror movie 공포 영화 | style 방식, 스타일 | weak coffee 연한 커피 |
expensive 비싼 | be on sale 할인 중이다

STEP 4
플러스 패턴

기본 패턴을 응용한 추가 패턴도 익혀 보세요.

 한 단계 up! 활용도 100% 플러스 패턴

I like your ~
네 ~가 마음에 들어

상대방의 성격, 태도, 외모, 능력 등을 칭찬하고 싶을 때 사용하는 패턴이에요. your 뒤에 상대방의 칭찬해주고 싶은 점을 넣어 말해 보세요.

○ **I like your voice.**
난 네 목소리가 좋아.

○ **I like your new hairstyle.**
네 새로운 머리 스타일이 마음에 들어.

○ **I like your sense of humor.**
난 네 유머 감각이 마음에 들어.

○ **I like your necklace.**
난 네 목걸이가 마음에 들어.

○ **I like your outfit.**
난 네 의상이 마음에 들어.

> **단어**   voice 목소리 | sense of humor 유머 감각 | necklace 목걸이 |
> outfit 옷, 의상

패턴 바로 확인하기

다음 우리말을 주어진 Hint를 이용해 영어로 말해 보세요.

❶ 난 공포 영화를 좋아해.

❷ 걔(그)는 연한 커피를 좋아해.

❸ 난 저 색깔이 마음에 들어.

❹ 걔(그녀)는 이 스웨터를 마음에 들어하니?

❺ 난 공포 영화를 안 좋아해.

❻ 난 네 유머 감각이 마음에 들어.

❼ 난 이 스웨터가 마음에 들어.

❽ 넌 저 색깔이 마음에 드니?

❾ 난 걔(그)의 방식이 좋아.

❿ 난 네 목걸이가 마음에 들어.

정답   ❶ I like horror movies. ❷ He likes weak coffee. ❸ I like that color. ❹ Does she like this sweater? ❺ I don't like horror movies. ❻ I like your sense of humor. ❼ I like this sweater. ❽ Do you like that color? ❾ I like his style. ❿ I like your necklace.

좋아하는 일을 말할 땐

I like to ~ 나 ~하는 거 좋아해

I like to는 내가 하기 좋아하는 일을 말할 때 쓸 수 있는 패턴으로 주로 취미나 관심사를 말할 때 써요. to 뒤에 좋아하는 일을 넣어 말해 보세요.

음성 강의 / 원어민 발음

STEP 1
패턴 익히기

문장을 읽어 보며 패턴을 연습해 보세요.

I like to
+
동사원형

○ **I like to listen to music.**
나 음악 듣는 거 좋아해.

○ **I like to put a puzzle together.**
난 퍼즐 맞추는 거 좋아해.

○ **I like to stay home.**
난 집에 있는 거 좋아해.

○ **I like to travel abroad.**
난 해외여행하는 걸 좋아해.

○ **I like to hang out with friends.**
난 친구들과 어울리는 걸 좋아해.

STEP 2
패턴
활용하기

패턴을 자유자재로 구사할 수 있도록 다양한 형태로 익혀 보세요.

○ Do you like to **listen to music?**
너 음악 듣는 거 좋아해?

○ I don't like to **put a puzzle together.**
난 퍼즐 맞추는 거 안 좋아해.

○ She likes to **stay home.**
걔(그녀)는 집에 있는 거 좋아해.

○ He doesn't like to **travel abroad.**
걔(그)는 해외여행하는 걸 안 좋아해.

○ I liked to **hang out with friends.**
난 친구들과 어울리는 걸 좋아했어.

STEP 3
대화로 패턴
익히기

대화를 통해 패턴을 익혀 보세요.

A What do you do for fun?
넌 취미가 뭐야?

B I like to watch something on Netflix.
난 넷플릭스로 뭐 보는 거 좋아해.

단어 put ~ together ~을 맞추다 | travel abroad 해외여행을 하다 |
hang out with ~와 어울리다, ~와 놀다

STEP 4
플러스 패턴

기본 패턴을 응용한 추가 패턴도 익혀 보세요.

 한 단계 up! 활용도 100% 플러스 패턴

I don't like the way ~
난 그런 식으로 ~하는 게 싫어

the way는 '~하는 방식'이라는 뜻으로 어떤 방식이 마음에 들지 않는다고 말할 때 쓸 수 있는 패턴이에요. the way 뒤에 마음에 들지 않는 일을 넣어 말해 보세요.

○ **I don't like the way he talks.**
난 그런 식으로 걔(그)가 말하는 게 싫어.

○ **I don't like the way she treats you.**
난 그런 식으로 걔(그녀)가 널 대하는 게 싫어.

○ **I don't like the way you look at me.**
난 그런 식으로 네가 날 바라보는 게 싫어.

○ **I don't like the way he behaves.**
난 그런 식으로 걔(그)가 행동하는 게 싫어.

○ **I don't like the way you dress.**
난 그런 식으로 네가 옷을 입는 게 싫어.

단어   treat 대하다 | behave 행동하다 | dress 옷을 입다

패턴 바로 확인하기

다음 우리말을 주어진 Hint를 이용해 영어로 말해 보세요.

> **HINT**
>
> listen to music   put a puzzle together   stay home
> travel abroad   hang out with friends   she treats you
> he behaves

❶ 너 음악 듣는 거 좋아해?

❷ 걔(그)는 해외여행하는 걸 안 좋아해.

❸ 난 퍼즐 맞추는 거 좋아해.

❹ 난 집에 있는 거 좋아해.

❺ 난 친구들과 어울리는 걸 좋아해.

❻ 나 음악 듣는 거 좋아해.

❼ 난 그런 식으로 걔(그녀)가 널 대하는 게 싫어.

❽ 걔(그녀)는 집에 있는 거 좋아해.

❾ 난 해외여행하는 걸 좋아해.

❿ 난 그런 식으로 걔(그)가 행동하는 게 싫어.

정답

❶ Do you like to listen to music? ❷ He doesn't like to travel abroad. ❸ I like to put a puzzle together. ❹ I like to stay home. ❺ I like to hang out with friends. ❻ I like to listen to music.
❼ I don't like the way she treats you. ❽ She likes to stay home. ❾ I like to travel abroad.
❿ I don't like the way he behaves.

원하는 걸 정중하게 요청할 땐

I'd like ~ ~주세요 / ~로 하고 싶어요

I'd like은 I would like의 줄임말로 I want 보다는 좀 더 정중하게 뭔가를 요청할 때 쓸 수 있는 패턴이에요. I'd like 뒤에 필요한 것이나 요청하고 싶은 것을 넣어서 말해 보세요.

음성 강의 / 원어민 발음

STEP 1
패턴 익히기

문장을 읽어 보며 패턴을 연습해 보세요.

I'd like
+
명사

○ **I'd like a glass of water.**
물 한 잔 주세요.

○ **I'd like two tickets to Busan.**
부산 가는 티켓 두 장 주세요.

○ **I'd like a room with a nice view.**
전망이 좋은 방으로 하고 싶어요.

○ **I'd like a window seat.**
창가 쪽 좌석으로 하고 싶어요.

○ **I'd like a table for four.**
네 명 자리로 주세요.

STEP 2
패턴
활용하기

패턴을 자유자재로 구사할 수 있도록 다양한 형태로 익혀 보세요.

○ **Would you like a glass of water?**
물 한 잔 드릴까요?

○ **We'd like two tickets to Busan.**
저희 부산 가는 티켓 두 장 주세요.

○ **He'd like a room with a nice view.**
그분(그)은 전망이 좋은 방을 원하세요.

○ **Would you like a window seat?**
창가 쪽 좌석으로 드릴까요?

○ **They'd like a table for four.**
그분들은 네 명 자리를 원하세요.

STEP 3
대화로 패턴
익히기

대화를 통해 패턴을 익혀 보세요.

A What can I get for you?
무엇으로 드릴까요?

B I'd like a glass of orange juice.
오렌지 주스 한 잔 주세요.

단어   a glass of ~ 한 잔 | view 전망 | seat 좌석

STEP 4
플러스 패턴

기본 패턴을 응용한 추가 패턴도 익혀 보세요.

 한 단계 up! 활용도 100% 플러스 패턴

How would you like your ~?
~는 어떻게 해 드릴까요?

방법을 물어보는 How와 함께 써서 상대방의 취향이나 의향을 정중하게 물어보는 패턴이에요. 특히 서비스를 제공하는 곳에서 손님의 의사를 물을 때 많이 사용해요.

○ **How would you like your eggs?**
계란은 어떻게 요리해 드릴까요?

○ **How would you like your steak?**
스테이크는 어느 정도로 익혀 드릴까요?

○ **How would you like your toast?**
토스트는 어떻게 구워 드릴까요?

○ **How would you like your coffee?**
커피는 어떻게 드릴까요?

○ **How would you like your hair?**
머리는 어떻게 해 드릴까요?

단어 toast 토스트

다음 우리말을 주어진 Hint를 이용해 영어로 말해 보세요.

> **HINT** a glass of water   two tickets to Busan   a table for four
> a room with a nice view   a window seat   steak   hair

❶ 물 한 잔 드릴까요?

❷ 창가 쪽 좌석으로 드릴까요?

❸ 저희 부산 가는 티켓 두 장 주세요.

❹ 창가 쪽 좌석으로 하고 싶어요.

❺ 네 명 자리로 주세요.

❻ 물 한 잔 주세요.

❼ 부산 가는 티켓 두 장 주세요.

❽ 스테이크는 어느 정도로 익혀 드릴까요?

❾ 머리는 어떻게 해 드릴까요?

❿ 전망이 좋은 방으로 하고 싶어요.

정답 ❶ Would you like a glass of water? ❷ Would you like a window seat? ❸ We'd like two tickets to Busan. ❹ I'd like a window seat. ❺ I'd like a table for four. ❻ I'd like a glass of water. ❼ I'd like two tickets to Busan. ❽ How would you like your steak? ❾ How would you like your hair? ❿ I'd like a room with a nice view.

I'd like to ~ ~하고 싶어요

I'd like to는 I would like to의 줄임말로 뭔가를 하고 싶다고 자신의 의사를 말하거나 요청할 때 쓸 수 있는 패턴이에요. 단순히 좋아하는 것을 말하는 I like to와 구분해서 쓰이니 주의하세요. 특히 처음 보는 사람에게 무언가를 요청할 일이 많은 식당, 카페, 미용실 등의 상황에서 자주 쓸 수 있는 패턴이에요.

음성 강의 / 원어민 발음

STEP 1
패턴 익히기

문장을 읽어 보며 패턴을 연습해 보세요.

I'd like to
+
동사원형

○ **I'd like to book a room.**
방을 예약하고 싶어요.

○ **I'd like to say thank you.**
감사의 말씀을 전하고 싶어요.

○ **I'd like to have an iced coffee.**
아이스커피 한 잔 마시고 싶어요.

○ **I'd like to get a haircut.**
머리를 자르고 싶어요.

○ **I'd like to ask you a question.**
질문을 하나 드리고 싶습니다.

STEP 2
패턴
활용하기

패턴을 자유자재로 구사할 수 있도록 다양한 형태로 익혀 보세요.

○ She'd like to **book a room.**
그분(그녀)은 방을 예약하고 싶어 하세요.

○ He'd like to **say thank you.**
그분(그)은 감사의 말씀을 전하고 싶어 하세요.

○ Would you like to **have an iced coffee?**
아이스커피 한 잔 드시겠어요?

○ Would you like to **get a haircut?**
머리를 자르시겠어요?

○ We'd like to **ask you a question.**
저희는 질문을 하나 드리고 싶습니다.

STEP 3
대화로 패턴
익히기

대화를 통해 패턴을 익혀 보세요.

A I'd like to book a table for tonight.
오늘 밤 자리를 예약하고 싶어요.

B How many people are in your party?
일행이 모두 몇 분이시죠?

단어　book 예약하다 | party 일행

STEP 4
플러스 패턴

기본 패턴을 응용한 추가 패턴도 익혀 보세요.

 한 단계 up! 활용도 100% 플러스 패턴

··

I'd like you to ~
~해 주시면 좋겠어요

공손한 어투로 상대방에게 뭔가를 정중히 부탁할 때 쓸 수 있는 패턴이에요. to 뒤에 부탁하려는 일을 넣어 말해 보세요.

○ **I'd like you to review this.**
이것 좀 검토해 주시면 좋겠어요.

○ **I'd like you to meet my boss.**
제 상사를 만나 보셨으면 좋겠어요.

○ **I'd like you to come to the party.**
파티에 오시면 좋겠어요.

○ **I'd like you to do your best.**
최선을 다해 주시면 좋겠어요.

○ **I'd like you to consider this.**
이걸 고려해 주시면 좋겠어요.

단어   review 검토하다 | do one's best 최선을 다하다 | consider 고려하다

패턴 바로 확인하기

다음 우리말을 주어진 Hint를 이용해 영어로 말해 보세요.

> **HINT**
> book a room   say thank you   have an iced coffee
> get a haircut   ask you a question   review this
> consider this

❶ 방을 예약하고 싶어요.

❷ 저희는 질문을 하나 드리고 싶습니다.

❸ 아이스커피 한 잔 마시고 싶어요.

❹ 그분(그녀)은 방을 예약하고 싶어 하세요.

❺ 머리를 자르고 싶어요.

❻ 질문을 하나 드리고 싶습니다.

❼ 이것 좀 검토해 주시면 좋겠어요.

❽ 아이스커피 한 잔 드시겠어요?

❾ 최선을 다해 주시면 좋겠어요.

❿ 감사의 말씀을 전하고 싶어요.

정답
❶ I'd like to book a room. ❷ We'd like to ask you a question. ❸ I'd like to have an iced coffee.
❹ She'd like to book a room. ❺ I'd like to get a haircut. ❻ I'd like to ask you a question. ❼ I'd like
you to review this. ❽ Would you like to have an iced coffee? ❾ I'd like you to do your best. ❿ I'd
like to say thank you.

Unit

7

need
말하기 패턴

need
활용법

need는 '필요하다'라는 뜻으로 필요한 것이나 해야 하는 일을 나타낼 때 써요. need를 어떻게 활용해서 말할 수 있는지 알아볼까요?

❶ need + 명사: ~가 필요하다

I need more time. 난 시간이 더 필요해.

❷ need + to 동사원형: ~할 필요가 있다, ~해야 한다

I need to see a doctor. 난 병원에 가야 해.

❸ need + 사람 + to 동사원형: ~가 …해야 한다

I need you to help me. 네가 나를 도와줘야 해.

꼭 필요한 걸 말할 때

I need ~ 난 ~가 필요해

I need는 나에게 꼭 필요한 것을 말할 때 쓸 수 있는 패턴이에요. 상대방에게 내가 필요한 것을 요청을 할 때에도 유용하게 사용해 보세요.

음성 강의 / 원어민 발음

STEP 1
패턴 익히기

문장을 읽어 보며 패턴을 연습해 보세요.

I need
+
명사

○ **I need more time.**
　난 시간이 더 필요해.

○ **I need a new car.**
　난 새 차가 필요해.

○ **I need your help.**
　난 네 도움이 필요해.

○ **I need a painkiller.**
　난 진통제가 필요해.

○ **I need a bigger size.**
　전 더 큰 치수가 필요해요.

패턴을 자유자재로 구사할 수 있도록 다양한 형태로 익혀 보세요.

○ **I needed more time.**
난 시간이 더 필요했어.

○ **She needs a new car.**
걔(그녀)는 새 차가 필요해.

○ **I don't need your help.**
난 네 도움이 필요 없어.

○ **Do you need a painkiller?**
너 진통제 필요하니?

○ **He will need a bigger size.**
걔(그)는 더 큰 사이즈가 필요할 거야.

대화를 통해 패턴을 익혀 보세요.

A **Did you buy that car?**
너 그 차 샀어?

B **Not yet. I need more money.**
아직. 돈이 더 필요해.

단어 painkiller 진통제 | bigger 더 큰

STEP 4
플러스 패턴

기본 패턴을 응용한 추가 패턴도 익혀 보세요.

 한 단계 up! 활용도 100% 플러스 패턴

All I need is ~

내게 필요한 건 ~뿐이야

나에게 꼭 필요한 것을 강조해서 말할 수 있는 패턴이에요. is 뒤에 절실히 필요한 것을 넣어 말해 보세요.

○ **All I need is some rest.**
내게 필요한 건 잠깐의 휴식뿐이야.

○ **All I need is one more chance.**
내게 필요한 건 기회를 한 번 더 갖는 것뿐이야.

○ **All I need is a cup of coffee.**
내게 필요한 건 커피 한 잔뿐이야.

○ **All I need is your love.**
내게 필요한 건 너의 사랑뿐이야.

○ **All I need is some sleep.**
내게 필요한 건 좀 자는 것뿐이야.

단어 rest 휴식 | chance 기회

다음 우리말을 주어진 Hint를 이용해 영어로 말해 보세요.

> **HINT** more time   a new car   your help   a painkiller
> a bigger size   some rest   your love

❶ 난 시간이 더 필요해.

❷ 걔(그)는 더 큰 사이즈가 필요할 거야.

❸ 난 네 도움이 필요해.

❹ 너 진통제 필요하니?

❺ 전 더 큰 치수가 필요해요.

❻ 난 시간이 더 필요했어.

❼ 내게 필요한 건 잠깐의 휴식뿐이야.

❽ 난 네 도움이 필요 없어.

❾ 난 진통제가 필요해.

❿ 내게 필요한 건 너의 사랑뿐이야.

I need to ~ 난 ~해야 해

I need to는 내가 꼭 해야 되는 일을 말할 때 쓸 수 있는 패턴이에요. to 뒤에 할 필요가 있는 일을 넣어 말해 보세요. 부정문인 I don't need to는 '안 ~해도 돼'라는 뜻의 불필요함을 나타내요.

음성 강의 / 원어민 발음

STEP 1
패턴 익히기

문장을 읽어 보며 패턴을 연습해 보세요.

I need to
+
동사원형

○ **I need to see a doctor.**
난 병원에 가야 해.

○ **I need to fill up my car.**
난 차에 기름을 넣어야 해.

○ **I need to talk to Eric.**
난 Eric이랑 얘기해야 해.

○ **I need to buy some groceries.**
난 식료품을 좀 사야 해.

○ **I need to withdraw some money.**
난 돈을 좀 인출해야 해.

STEP 2
패턴
활용하기

패턴을 자유자재로 구사할 수 있도록 다양한 형태로 익혀 보세요.

○ **Do you need to see a doctor?**

너 병원에 가야 하니?

○ **You don't need to fill up your car.**

넌 차에 기름을 안 넣어도 돼.

○ **She needs to talk to Eric.**

걔(그녀)는 Eric이랑 얘기해야 해.

○ **I don't need to buy any groceries.**

난 식료품을 안 사도 돼.

○ **He needed to withdraw some money.**

걔(그)는 돈을 좀 인출해야 했어.

STEP 3
대화로 패턴
익히기

대화를 통해 패턴을 익혀 보세요.

A How about eating out tonight?

오늘 밤 외식하는 거 어때?

B I think I can't. **I need to** catch up on some sleep.

난 못 갈 거 같아. 밀린 잠을 좀 자야겠어.

단어 fill up (기름을) 가득 채우다 | grocery 식료품 | withdraw 인출하다 |
eat out 외식하다 | catch up on sleep 밀린 잠을 자다

STEP 4
플러스 패턴

기본 패턴을 응용한 추가 패턴도 익혀 보세요.

 한 단계 up! 활용도 100% 플러스 패턴

There is no need to ~
~할 필요 없어

need는 '필요'라는 뜻의 명사로도 사용할 수 있어요. '굳이 ~할 필요 없어' 또는 '그렇게까지 ~하지 않아도 돼'라는 의미를 상대방에게 전달할 때 유용하게 사용해 보세요.

○ **There is no need to rush.**
서두를 필요 없어.

○ **There is no need to be scared.**
겁낼 필요 없어.

○ **There is no need to worry.**
걱정할 필요 없어.

○ **There is no need to believe him.**
걔(그)를 믿을 필요 없어.

○ **There is no need to take a risk.**
위험을 감수할 필요 없어.

단어   rush 서두르다 | be scared 겁내다 | take a risk 위험을 감수하다

패턴 바로 확인하기

다음 우리말을 주어진 Hint를 이용해 영어로 말해 보세요.

> **HINT** see a doctor fill up one's car talk to Eric be scared
> buy any groceries withdraw some money rush

❶ 난 병원에 가야 해.

❷ 난 차에 기름을 넣어야 해.

❸ 걔(그녀)는 Eric이랑 얘기해야 해.

❹ 난 식료품을 안 사도 돼.

❺ 너 병원에 가야 하니?

❻ 서두를 필요 없어.

❼ 겁낼 필요 없어.

❽ 걔(그)는 돈을 좀 인출해야 했어.

❾ 넌 차에 기름을 안 넣어도 돼.

❿ 난 Eric이랑 얘기해야 해.

정답 ❶ I need to see a doctor. ❷ I need to fill up my car. ❸ She needs to talk to Eric. ❹ I don't need to buy any groceries. ❺ Do you need to see a doctor? ❻ There is no need to rush. ❼ There is no need to be scared. ❽ He needed to withdraw some money. ❾ You don't need to fill up your car. ❿ I need to talk to Eric.

I need you to ~ ~해 줘야 해

I need you to 패턴은 상대방에게 무언가를 해달라고 말할 때 쓸 수 있어요. 부탁보다는 강제의 뉘앙스를 가지고 있는 패턴이에요. to 뒤에 상대방에게 요구하는 일을 넣어 말해 보세요.

음성 강의 / 원어민 발음

STEP 1
패턴 익히기

문장을 읽어 보며 패턴을 연습해 보세요.

**I need you to
+
동사원형**

○ **I need you to explain everything.**
전부 설명해 줘야 해.

○ **I need you to tell the truth.**
사실대로 말해 줘야 해.

○ **I need you to fill this out.**
이걸 작성해 줘야 해.

○ **I need you to come here right now.**
당장 여기로 와 줘야 해.

○ **I need you to trust me.**
나를 믿어 줘야 해.

패턴을 자유자재로 구사할 수 있도록 다양한 형태로 익혀 보세요.

○ **Does she need you to explain everything?**
걔(그녀)는 네가 전부 설명해 줘야 한대?

○ **I don't need you to tell the truth.**
넌 사실대로 말해 주지 않아도 돼.

○ **He needs you to fill this out.**
걔(그)는 네가 이걸 작성해 줘야 한대.

○ **I don't need you to come here right now.**
넌 당장 여기로 오지 않아도 돼.

○ **I needed you to trust me.**
넌 나를 믿어 줘야 했어.

STEP 3
대화로 패턴
익히기

대화를 통해 패턴을 익혀 보세요.

A Amy, we need to talk. You've got me wrong.
Amy, 우리 얘기 좀 해. 넌 날 오해하고 있어.

B I don't think so. **I need you to** leave the room now!
난 그렇게 생각하지 않아. 당장 방에서 나가 줘!

단어   explain 설명하다 | tell the truth 사실대로 말하다 | fill out 작성하다 |
trust 믿다 | get ~ wrong ~를 오해하다

STEP 4
플러스 패턴

기본 패턴을 응용한 추가 패턴도 익혀 보세요.

 한 단계 up! 활용도 100% 플러스 패턴

All you need to do is ~

넌 ~만 하면 돼

상대방에게 충고나 조언의 뉘앙스로 '넌 ~만 하면 돼'라고 말할 때 쓸 수 있는 패턴이에요. 또는 무언가 지시할 때도 사용할 수 있어요.

○ **All you need to do is follow me.**
  넌 나를 따라오기만 하면 돼.

○ **All you need to do is enjoy this moment.**
  넌 이 순간을 즐기기만 하면 돼.

○ **All you need to do is sign right here.**
  넌 바로 여기 서명만 하면 돼.

○ **All you need to do is apologize.**
  넌 사과만 하면 돼.

○ **All you need to do is come here.**
  넌 여기로 오기만 하면 돼.

| 단어 | follow 따라가다, 따라오다 ㅣ enjoy 즐기다 ㅣ moment 순간 ㅣ sign 서명하다 ㅣ apologize 사과하다 |

패턴 바로 확인하기

다음 우리말을 주어진 Hint를 이용해 영어로 말해 보세요.

> **HINT** explain everything tell the truth fill this out
> come here right now trust me follow me
> sign right here

❶ 걔(그녀)는 네가 전부 설명해 줘야 한대?

❷ 이걸 작성해 줘야 해.

❸ 넌 당장 여기로 오지 않아도 돼.

❹ 나를 믿어 줘야 해.

❺ 넌 사실대로 말해 주지 않아도 돼.

❻ 넌 나를 따라오기만 하면 돼.

❼ 전부 설명해 줘야 해.

❽ 넌 바로 여기 서명만 하면 돼.

❾ 사실대로 말해 줘야 해.

❿ 당장 여기로 와 줘야 해.

정답 ❶ Does she need you to explain everything? ❷ I need you to fill this out. ❸ I don't need you to come here right now. ❹ I need you to trust me. ❺ I don't need you to tell the truth. ❻ All you need to do is follow me. ❼ I need you to explain everything. ❽ All you need to do is sign right here. ❾ I need you to tell the truth. ❿ I need you to come here right now.

Unit

8

try
말하기 패턴

try
활용법

try는 '~해 보다'라는 뜻과 '노력하다, 애를 쓰다'라는 뜻이 있어요. try를 어떻게 활용해서 말할 수 있는지 알아볼까요?

❶ try + 명사/동사ing: ~해 보다

try 뒤에 명사나 동사ing를 넣어 말하면 어떤 것이 주어에게 잘 맞는지 시험 삼아 해 본다는 의미가 돼요.

I tried the cream. 난 그 크림을 한번 써 봤어.

She tried taking the class. 걔(그녀)는 그 수업을 들어 봤어.

입어 보고, 신어 보는 걸 말할 땐 try on을 사용해요.

Can I try this jacket on? 이 재킷 입어 봐도 될까요?

❷ try + to 동사원형: ~하려 노력하다

try 뒤에 'to 동사원형'을 넣어 말하면 어떤 일을 하려고 노력한다는 의미가 돼요.

I'm trying to lose weight. 나 살을 빼려고 노력 중이야.

Try ~ ~한번 해 봐

try는 '시도하다, 해 보다'라는 뜻으로 명령문으로 쓰면 상대방에게 무언가를 잘 맞는지 시험 삼아 해 보거나 사용해 보라고 말하는 의미가 돼요. 뒤에 음식을 넣으면 한번 먹어 보거나 마셔 보라고 말할 수 있어요.

음성 강의 / 원어민 발음

STEP 1
패턴 익히기

문장을 읽어 보며 패턴을 연습해 보세요.

Try
+
명사/동사ing

○ **Try this cream.**
이 크림 한번 써 봐.

○ **Try raw fish.**
생선회 한번 먹어 봐.

○ **Try using this app.**
이 앱 한번 써 봐.

○ **Try clicking the button.**
그 버튼을 한번 클릭해 봐.

○ **Try new things.**
새로운 걸 한번 시도해 봐.

STEP 2
패턴
활용하기

패턴을 자유자재로 구사할 수 있도록 다양한 형태로 익혀 보세요.

○ **I'll try this cream.**
난 이 크림 한번 써 볼래.

○ **She tried raw fish.**
걔(그녀)는 생선회를 한번 먹어 봤어.

○ **Did you try using this app?**
너 이 앱 한번 써 봤어?

○ **I tried clicking the button.**
난 그 버튼을 한번 클릭해 봤어.

○ **He doesn't try new things.**
걔(그)는 새로운 걸 해 보려 하지 않아.

STEP 3
대화로 패턴
익히기

대화를 통해 패턴을 익혀 보세요.

A **I'll try living in the countryside.**
난 시골에서 한번 살아볼 거야.

B **How are you going to commute?**
출퇴근은 어떻게 하려고?

단어 raw fish 생선회 ┊ app 앱, 어플리케이션 ┊ click 클릭하다 ┊ countryside
시골 지역 ┊ commute 통근하다

STEP 4
플러스 패턴

기본 패턴을 응용한 추가 패턴도 익혀 보세요.

 한 단계 up! 활용도 100% 플러스 패턴

Can I try ~ on?
~ 입어 봐도 돼요?

try ~ on은 '~를 써 보다, 신어 보다, 입어 보다'라는 뜻이에요. 쇼핑을 할 때 많이 쓸 수 있는 패턴으로 한번 착용해 보고 싶은 것을 try와 on 사이에 넣어 말할 수 있어요.

○ **Can I try this on?**
이거 입어 봐도 돼요?

○ **Can I try these shoes on?**
이 신발 신어 봐도 돼요?

○ **Can I try the jacket on?**
그 재킷 입어 봐도 돼요?

○ **Can I try another dress on?**
다른 원피스 입어 봐도 돼요?

○ **Can I try this hat on?**
이 모자 써 봐도 돼요?

단어   another (또) 다른 | hat 모자

다음 우리말을 주어진 Hint를 이용해 영어로 말해 보세요.

> **HINT** this cream   raw fish   using this app   another dress
> clicking the button   new things   these shoes

❶ 걔(그)는 새로운 걸 해 보려 하지 않아.

❷ 이 크림 한번 써 봐.

❸ 생선회 한번 먹어 봐.

❹ 너 이 앱 한번 써 봤어?

❺ 그 버튼을 한번 클릭해 봐.

❻ 새로운 걸 한번 시도해 봐.

❼ 이 신발 신어 봐도 돼요?

❽ 다른 원피스 입어 봐도 돼요?

❾ 난 그 버튼을 한번 클릭해 봤어.

❿ 이 앱 한번 써 봐.

정답 ❶ He doesn't try new things. ❷ Try this cream. ❸ Try raw fish. ❹ Did you try using this app?
❺ Try clicking the button. ❻ Try new things. ❼ Can I try these shoes on? ❽ Can I try another
dress on? ❾ I tried clicking the button. ❿ Try using this app.

어떤 일을 노력하고 있다고 말할 땐

I'm trying to ~ 난 ~하려고 하고 있어

try는 '노력하다'라는 뜻이 있어서 I'm trying to 패턴은 내가 무언가를 하기 위해 시도하거나 노력하고 있는 중이라고 말할 때 쓸 수 있어요. to 뒤에 내가 해내려고 하는 일을 넣어 말해 보세요.

음성 강의 / 원어민 발음

STEP 1
패턴 익히기

문장을 읽어 보며 패턴을 연습해 보세요.

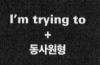
I'm trying to
+
동사원형

○ **I'm trying to focus.**
난 집중을 하려고 하고 있어.

○ **I'm trying to get a job.**
난 취직을 하려고 하고 있어.

○ **I'm trying to quit smoking.**
난 담배를 끊으려는 중이야.

○ **I'm trying to cut down on carbs.**
난 탄수화물을 줄이려고 하고 있어.

○ **I'm trying to avoid junk food.**
난 정크 푸드는 피하려고 하고 있어.

패턴을 자유자재로 구사할 수 있도록 다양한 형태로 익혀 보세요.

○ He's trying to **focus.**
걔(그)는 집중을 하려고 하고 있어.

○ Are you trying to **get a job?**
넌 취직을 하려고 하고 있어?

○ I was trying to **quit smoking.**
난 담배를 끊으려 하는 중이었어.

○ She tried to **cut down on carbs.**
걔(그녀)는 탄수화물을 줄이려고 했었어.

○ I'll try to **avoid junk food.**
난 정크 푸드는 피하려고 노력할 거야.

대화를 통해 패턴을 익혀 보세요.

A You're eating only this salad for dinner?
너 저녁으로 이 샐러드만 먹는 거야?

B Yeah, I'm trying to lose weight.
응, 나 살을 빼려고 노력 중이야.

단어 focus 집중하다 | get a job 취직을 하다 | quit smoking 담배를 끊다 |
cut down on (~의 섭취를) 줄이다 | carbs 탄수화물 | avoid 피하다 |
junk food 정크 푸드(패스트푸드) |

기본 패턴을 응용한 추가 패턴도 익혀 보세요.

한 단계 up! 활용도 100% 플러스 패턴

I'm trying my best to ~
난 ~하려고 최선을 다하고 있어

try one's best는 '최선을 다하다'라는 뜻이에요. I'm trying my best to 패턴 뒤에 현재 내가 최선을 다해서 하려고 하는 일을 넣어서 말해 보세요.

○ I'm trying my best to **pass the exam.**
  난 그 시험에 합격하려고 최선을 다하고 있어.

○ I'm trying my best to **adapt.**
  난 적응하려고 최선을 다하고 있어.

○ I'm trying my best to **understand them.**
  난 걔네를 이해하려고 최선을 다하고 있어.

○ I'm trying my best to **save money.**
  난 돈을 절약하려고 최선을 다하고 있어.

○ I'm trying my best to **be happy.**
  난 행복하려고 최선을 다하고 있어.

단어 adapt 적응하다 | understand 이해하다 | save 절약하다

패턴 바로 확인하기

다음 우리말을 주어진 Hint를 이용해 영어로 말해 보세요.

> **HINT** focus   get a job   quit smoking   cut down on carbs
> avoid junk food   understand them   save money

❶ 난 정크 푸드는 피하려고 노력할 거야.

❷ 난 취직을 하려고 하고 있어.

❸ 난 담배를 끊으려 하는 중이었어.

❹ 난 탄수화물을 줄이려고 하고 있어.

❺ 걔(그)는 집중을 하려고 하고 있어.

❻ 넌 취직을 하려고 하고 있어?

❼ 난 걔네를 이해하려고 최선을 다하고 있어.

❽ 난 담배를 끊으려고 하고 있어.

❾ 난 돈을 절약하려고 최선을 다하고 있어.

❿ 난 집중을 하려고 하고 있어.

정답 ❶ I'll try to avoid junk food. ❷ I'm trying to get a job. ❸ I was trying to quit smoking. ❹ I'm trying to cut down on carbs. ❺ He's trying to focus. ❻ Are you trying to get a job? ❼ I'm trying my best to understand them. ❽ I'm trying to quit smoking. ❾ I'm trying my best to save money. ❿ I'm trying to focus.

go
말하기 패턴

go
활용법

go는 '가다'라는 뜻으로 그 의미를 살려서 다양하게 사용할 수 있어요. go를 어떻게 활용해서 말할 수 있는지 알아볼까요?

❶ go: 가다

Can I go now? 나 이제 가도 돼?

❷ go + to 명사(장소): ~에 가다

I'm going to the fitness center. 난 헬스장에 가는 길이야.

❸ go + to 동사원형: ~하러 가다

I'm going to work now. 난 지금 출근하는 길이야.

❹ go + 동사ing: ~하러 가다 (=go for a + 명사)

'go + 동사ing' 표현은 주로 야외 활동을 하러 간다고 말할 때 사용해요.

I'll go jogging. 난 조깅하러 갈 거야.

I'll go for a swim.(=I'll go swimming.) 난 수영하러 갈 거야.

❺ go get + 명사: ~를 가지러 가다

I'll go get some snacks. 가서 간식 좀 가져올게.

어디에 가고 있는지 말할 땐

I'm going to ~ 난 ~에 가는 길이야 / 난 ~하러 가는 길이야

go는 뒤에 to를 써서 어디에 가고 있는지 말할 때 쓸 수 있어요. to 뒤에 내가 가고 있는 장소를 넣어 '~에 간다'라고 말할 수도 있고, 내가 하러 가고 있는 일을 넣어 '~하러 간다'라고 말할 수도 있어요.

음성 강의 / 원어민 발음

STEP 1
패턴 익히기

문장을 읽어 보며 패턴을 연습해 보세요.

I'm going to
+
명사/동사원형

○ **I'm going to the fitness center.**
난 헬스장에 가는 길이야.

○ **I'm going to the subway station.**
난 지하철역에 가는 길이야.

○ **I'm going to the baseball game.**
난 야구 경기에 가는 길이야.

○ **I'm going to see Andy off.**
난 Andy를 배웅하러 가는 길이야.

○ **I'm going to work now.**
난 지금 출근하는 길이야.

패턴을 자유자재로 구사할 수 있도록 다양한 형태로 익혀 보세요.

○ I went to **the fitness center.**
난 헬스장에 갔었어.

○ I'll go to **the subway station.**
난 지하철역에 갈 거야.

○ Are you going to **the baseball game?**
너 야구 경기에 가는 길이니?

○ Did you go to **see Andy off?**
넌 Andy를 배웅하러 갔었니?

○ She is going to **work now.**
걔(그녀)는 지금 출근하는 길이야.

STEP 3
대화로 패턴
익히기

대화를 통해 패턴을 익혀 보세요.

A Hey, where are you going?
야, 너 어디가?

B I'm going to a yoga class.
나 요가 수업 가는 길이야.

단어　fitness center 헬스장, 피트니스 센터 ｜ see ~ off ~를 배웅하디

STEP 4
플러스 패턴

기본 패턴을 응용한 추가 패턴도 익혀 보세요.

 한 단계 up! 활용도 100% 플러스 패턴

I'm gonna ~
난 ~할 거야

be going to는 '~할 거야'라는 뜻으로 가까운 미래에 하려고 계획해 놓은 일을 말할 때 사용할 수 있어요. 이때 going to는 gonna로 줄여 쓸 수 있어요. gonna 뒤에 내가 할 일을 넣어 말해 보세요.

○ **I'm gonna take a shower.**
난 샤워를 할 거야.

○ **I'm gonna ask him out.**
난 걔(그)한테 데이트 신청을 할 거야.

○ **I'm gonna stay in New York.**
난 뉴욕에 머물 거야.

○ **I'm gonna take a walk for a while.**
난 잠깐 산책을 할 거야.

○ **I'm gonna work overtime tonight.**
난 오늘 밤 야근을 할 거야.

단어   ask ~ out ~에게 데이트 신청을 하다 | take a walk 산책을 하다 |
for a while 잠깐 | work overtime 시간외 근무를 하다

패턴 바로 확인하기

다음 우리말을 주어진 Hint를 이용해 영어로 말해 보세요.

❶ 난 헬스장에 가는 길이야.

❷ 난 지하철역에 갈 거야.

❸ 난 야구 경기에 가는 길이야.

❹ 난 Andy를 배웅하러 가는 길이야.

❺ 걔(그녀)는 지금 출근하는 길이야.

❻ 난 뉴욕에 머물 거야.

❼ 너 야구 경기에 가는 길이니?

❽ 넌 Andy를 배웅하러 갔었니?

❾ 난 오늘 밤 야근을 할 거야.

❿ 난 지금 출근하는 길이야.

정답 ❶ I'm going to the fitness center. ❷ I'll go to the subway station. ❸ I'm going to the baseball game. ❹ I'm going to see Andy off. ❺ She is going to work now. ❻ I'm gonna stay in New York. ❼ Are you going to the baseball game? ❽ Did you go to see Andy off? ❾ I'm gonna work overtime tonight. ❿ I'm going to work now.

야외 활동을 하러 간다고 말할 땐

I'll go ~ 난 ~하러 갈 거야

수영, 낚시, 스키, 조깅, 쇼핑 등 야외 활동이나 레저 활동을 하러 간다고 말할 때 쓸 수 있는 패턴이에요. go 뒤에 다양한 활동을 나타내는 말을 넣어 '~하러 간다'라고 말해 보세요.

음성 강의 / 원어민 발음

STEP 1
패턴 익히기

문장을 읽어 보며 패턴을 연습해 보세요.

I'll go
+
동사ing

○ **I'll go jogging.**
난 조깅하러 갈 거야.

○ **I'll go camping.**
난 캠핑하러 갈 거야.

○ **I'll go swimming after work.**
난 퇴근 후 수영하러 갈 거야.

○ **I'll go shopping with my mom.**
난 엄마와 함께 쇼핑하러 갈 거야.

○ **I'll go hiking this Sunday.**
난 이번 주 일요일에 하이킹하러 갈 거야.

패턴을 자유자재로 구사할 수 있도록 다양한 형태로 익혀 보세요.

○ **I won't go jogging.**
난 조깅하러 안 갈 거야.

○ **He went camping.**
걔(그)는 캠핑하러 갔었어.

○ **Does she go swimming after work?**
걔(그녀)는 퇴근 후에 수영하러 가니?

○ **I didn't go shopping with my mom.**
난 엄마와 함께 쇼핑하러 안 갔어.

○ **Will you go hiking this Sunday?**
넌 이번 주 일요일에 하이킹하러 갈 거야?

대화를 통해 패턴을 익혀 보세요.

A Do you have any plans for this Saturday?
이번 주 토요일에 무슨 계획 있어?

B I'll go climbing. Do you want to join me?
난 등산 갈 거야. 나랑 같이 갈래?

> **단어**   jog 조깅하다 ┃ camp 캠핑을 하다 ┃ shop 쇼핑하다 ┃ hike 하이킹을 하다,
> 도보 여행을 하다 ┃ climb 등산하다

STEP 4
플러스 패턴

기본 패턴을 응용한 추가 패턴도 익혀 보세요.

 한 단계 up! 활용도 100% 플러스 패턴

Let's go for ~
~하러 가자

go for는 '~하러 가다'라는 뜻인데 앞에 Let's를 붙여 '~하러 가자'라고 말할 수 있어요. for 뒤에 상대방과 함께 하고 싶은 활동을 명사 형태로 넣어 말하면 돼요.

○ **Let's go for a drink.**
한잔하러 가자.

○ **Let's go for a drive.**
드라이브하러 가자.

○ **Let's go for a walk.**
산책하러 가자.

○ **Let's go for a swim.**
수영하러 가자.

○ **Let's go for a picnic.**
소풍 가자.

단어 drink 술 (한잔) | drive 드라이브, 주행 | walk 산책, 걷기 | picnic 소풍

패턴 바로 확인하기

다음 우리말을 주어진 Hint를 이용해 영어로 말해 보세요.

> **HINT** jogging   camping   swimming after work
> shopping with my mom   a walk   a picnic

❶ 난 조깅하러 갈 거야.

❷ 넌 이번 주 일요일에 하이킹하러 갈 거야?

❸ 걔(그녀)는 퇴근 후에 수영하러 가니?

❹ 난 엄마와 함께 쇼핑하러 갈 거야.

❺ 난 이번 주 일요일에 하이킹하러 갈 거야.

❻ 난 조깅하러 안 갈 거야.

❼ 산책하러 가자.

❽ 난 퇴근 후 수영하러 갈 거야.

❾ 소풍 가자.

❿ 난 캠핑하러 갈 거야.

가서 무언가 가져온다고 말할 땐

I'll go get ~ 가서 ~ 가져올게 / 가서 ~ 데려올게

'가다'라는 뜻의 go와 '가져오다, 데려오다'라는 뜻의 get을 붙여서 쓴 패턴으로 가서 무언가를 가지고 오거나 누군가를 데리고 오겠다고 말할 때 쓸 수 있어요. go와 get 사이에 and가 생략된 형태로 get 뒤에 내가 가져올 것 또는 데려올 사람을 넣어 말해 보세요.

음성 강의 / 원어민 발음

STEP 1
패턴 익히기

문장을 읽어 보며 패턴을 연습해 보세요.

I'll go get
+
명사

○ **I'll go get some snacks.**
가서 간식 좀 가져올게.

○ **I'll go get my son.**
가서 우리 아들 데리고 올게.

○ **I'll go get a taxi.**
가서 택시 불러올게.

○ **I'll go get a drink.**
가서 마실 거 가져올게.

○ **I'll go get someone else.**
가서 다른 사람을 데려올게.

패턴을 자유자재로 구사할 수 있도록 다양한 형태로 익혀 보세요.

○ **She'll go get some snacks.**
걔(그녀)가 가서 간식 좀 가져올 거야.

○ **Will you go get your son?**
넌 가서 아들을 데리고 올 거니?

○ **He'll go get a taxi.**
걔(그)는 가서 택시를 불러올 거야.

○ **I didn't go get a drink.**
난 가서 마실 거 가져오지 않았어.

○ **Go get someone else.**
가서 다른 사람을 데려와.

대화를 통해 패턴을 익혀 보세요.

A **How can we move all these bottles?**
이 병들을 다 어떻게 옮길 수 있지?

B **I'll go get some boxes.**
내가 가서 상자를 몇 개 가지고 올게.

단어 snack 간식 | someone else 다른 사람 | move 옮기다 | bottle 병

기본 패턴을 응용한 추가 패턴도 익혀 보세요.

 한 단계 up! 활용도 100% 플러스 패턴

Go get me ~
가서 ~ 좀 가져다줘

go get 뒤에 me를 쓰면 상대방에게 가서 나에게 무언가를 갖다 달라고 요청하는 패턴이 돼요. me 뒤에 갖다 달라고 말하고 싶은 걸 넣어 보세요.

○ **Go get me some coffee.**
가서 커피 좀 가져다줘.

○ **Go get me a pen.**
가서 펜 하나만 가져다줘.

○ **Go get me a glass of water.**
가서 물 한 잔 좀 가져다줘.

○ **Go get me something to eat.**
가서 먹을 것 좀 가져다줘.

○ **Go get me the documents.**
가서 그 서류 좀 가져다줘.

단어 document 서류

다음 우리말을 주어진 Hint를 이용해 영어로 말해 보세요.

> **HINT**　some snacks　one's son　a taxi　a drink
> someone else　something to eat　the documents

❶ 가서 간식 좀 가져올게.

❷ 가서 다른 사람을 데려와.

❸ 가서 택시 불러올게.

❹ 난 가서 마실 거 가져오지 않았어.

❺ 가서 다른 사람을 데려올게.

❻ 가서 우리 아들 데리고 올게.

❼ 가서 먹을 것 좀 가져다줘.

❽ 넌 가서 아들을 데리고 올 거니?

❾ 걔(그)는 가서 택시를 불러올 거야.

❿ 가서 그 서류 좀 가져다줘.

정답　❶ I'll go get some snacks. ❷ Go get someone else. ❸ I'll go get a taxi. ❹ I didn't go get a drink.
❺ I'll go get someone else. ❻ I'll go get my son. ❼ Go get me something to eat. ❽ Will you go
get your son? ❾ He'll go get a taxi. ❿ Go get me the documents.

look
말하기 패턴

look
활용법

look은 '보다'라는 뜻도 있지만 '~한 것 같다'라는 뜻도 있어요. 이럴 때는 look 뒤에 형용사를 써서 말해요. look을 어떻게 활용해서 말할 수 있는지 알아볼까요?

❶ look: 보다

Look! That's Mark. 봐! 저 사람이 Mark야.

❷ look + at 명사: ~을 보다

She looked at me. 걔(그녀)는 나를 봤어.

❸ look + for 명사: ~을 찾다

I'm looking for a part-time job. 전 시간제 일을 찾고 있어요.

❹ look + 형용사: ~한 것 같다, ~하게 보이다

You look worried. 너 걱정 있어 보여.

❺ look + like 명사/문장: ~처럼 보이다

You look like a celebrity. 너 연예인처럼 보여.

You look like you've lost weight. 너 살 좀 빠진 거 같아 보여.

You look ~ 너 ~해 보여 / 너 ~한 거 같아

look은 '보다'라는 뜻이지만 뒤에 상태를 나타내는 말이 오면 '~처럼 보이다'라는 의미가 돼요. You look은 상대방을 보고, 상태가 어때 보이는지 내 의견을 말할 때 쓸 수 있는 패턴이에요. look 뒤에 상대방의 상태를 나타내는 표현을 넣어 말해 보세요.

음성 강의 / 원어민 발음

STEP 1
패턴 익히기

문장을 읽어 보며 패턴을 연습해 보세요.

○ **You look pale.**
너 창백해 보여.

○ **You look worried.**
너 걱정 있어 보여.

○ **You look gorgeous.**
너 멋져 보인다.

○ **You look really happy.**
너 정말 행복해 보여.

○ **You look good in that dress.**
너 그 원피스 잘 어울린다.

패턴을 자유자재로 구사할 수 있도록 다양한 형태로 익혀 보세요.

○ She looks **pale.**
개(그녀)는 창백해 보여.

○ He doesn't look **worried.**
개(그)는 걱정 있어 보이지 않아.

○ Do I look **gorgeous?**
나 멋져 보여?

○ You looked **really happy.**
넌 정말 행복해 보였어.

○ I don't look **good in that dress.**
난 그 원피스 잘 안 어울려.

대화를 통해 패턴을 익혀 보세요.

A You look great in blue!
너 파란색이 정말 잘 어울린다!

B Thank you. This is my favorite color.
고마워. 이게 내가 제일 좋아하는 색이야.

단어 pale 창백한 | worried 걱정하는 | gorgeous 아주 멋진, 근사한 |
favorite 가장 좋아하는

STEP 4
플러스 패턴

기본 패턴을 응용한 추가 패턴도 익혀 보세요.

 한 단계 up! 활용도 100% 플러스 패턴

Why do you look so ~?
너 왜 그렇게 ~해 보여?

상대방이 유난히 어떤 상태로 보일 때 왜 그런지 이유를 물어보는 패턴이에요. look 뒤에 상대방의 상태를 넣어서 말해 보세요.

○ Why do you look so **down?**
너 왜 그렇게 우울해 보여?

○ Why do you look so **excited?**
너 왜 그렇게 신나 보여?

○ Why do you look so **tired?**
너 왜 그렇게 피곤해 보여?

○ Why do you look so **scared?**
너 왜 그렇게 겁에 질려 보여?

○ Why do you look so **nervous?**
너 왜 그렇게 긴장돼 보여?

단어   down 우울한 | excited 신난, 흥분한 | scared 겁먹은 |
nervous 긴장한

패턴 바로 확인하기

다음 우리말을 주어진 Hint를 이용해 영어로 말해 보세요.

> **HINT**　pale　worried　gorgeous　really happy　nervous
> good in that dress　excited

❶ 너 창백해 보여.

❷ 너 걱정 있어 보여.

❸ 넌 정말 행복해 보였어.

❹ 나 멋져 보여?

❺ 너 그 원피스 잘 어울린다.

❻ 너 왜 그렇게 신나 보여?

❼ 너 왜 그렇게 긴장돼 보여?

❽ 너 정말 행복해 보여.

❾ 난 그 원피스 잘 안 어울려.

❿ 너 멋져 보인다.

정답　❶ You look pale. ❷ You look worried. ❸ You looked really happy. ❹ Do I look gorgeous?
❺ You look good in that dress. ❻ Why do you look so excited? ❼ Why do you look so nervous?
❽ You look really happy. ❾ I don't look good in that dress. ❿ You look gorgeous.

상대방이 어떻게 보이는지 말할 땐

You look like ~ 너 ~처럼 보여

상대방의 모습을 보고 무엇처럼 보이는지 또는 어떤 상태나 상황인 거 같아 보이는지 자신의 의견을 말할 때 쓸 수 있는 패턴이에요. '~처럼, ~와 같이'라는 뜻을 가진 like 뒤에 상대방이 어떻게 보이는지를 넣어 말해 보세요.

음성 강의 / 원어민 발음

STEP 1
패턴 익히기

문장을 읽어 보며 패턴을 연습해 보세요.

You look like
+
명사/문장

○ **You look like a celebrity.**
너 연예인처럼 보여.

○ **You look like a different person.**
너 다른 사람처럼 보여.

○ **You look like you're in your 20s.**
너 20대처럼 보여.

○ **You look like you've lost weight.**
너 살 빠진 거 같아.

○ **You look like you need some rest.**
너 좀 쉬어야 할 거 같아.

패턴을 자유자재로 구사할 수 있도록 다양한 형태로 익혀 보세요.

○ She looks like **a celebrity.**
걔(그녀)는 연예인처럼 보여.

○ He looked like **a different person.**
걔(그)는 다른 사람처럼 보였어.

○ You don't look like **you're in your 20s.**
너는 20대처럼 보이지 않아.

○ Do I look like **I've lost weight?**
나 살 빠진 거 같아?

○ You looked like **you needed some rest.**
넌 좀 쉬어야 할 거 같았어.

대화를 통해 패턴을 익혀 보세요.

A You look like you had a long day.
오늘 긴 하루를 보낸 거 같아 보이네.

B Right. I had three meetings today.
맞아. 오늘 회의가 세 개나 있었어.

단어 celebrity 연예인 | different 다른 | person 사람 |
be in one's 20s 20대이다 | rest 휴식

STEP 4
플러스 패턴

기본 패턴을 응용한 추가 패턴도 익혀 보세요.

 한 단계 up! 활용도 100% 플러스 패턴

....

You don't look anything like ~
넌 ~와 전혀 달라 보여

상대방과 전혀 닮지 않은 것 또는 상대방과 전혀 다른 것을 말할 때 쓸 수 있는 패턴이에요. 상대방이 무엇처럼 보이지 않는지 like 뒤에 넣어 말해 보세요.

○ **You don't look anything like your mom.**
넌 너희 엄마와 전혀 달라 보여.

○ **You don't look anything like this photo.**
넌 이 사진과 전혀 달라 보여.

○ **You don't look anything like your brother.**
넌 네 형과 전혀 달라 보여.

○ **You don't look anything like the model.**
넌 그 모델과 전혀 달라 보여.

○ **You don't look anything like your profile picture.**
넌 네 프로필 사진과 전혀 달라 보여.

단어　profile picture 프로필 사진

패턴 바로 확인하기

다음 우리말을 주어진 Hint를 이용해 영어로 말해 보세요.

HINT a celebrity   a different person   you're in your 20s
you've lost weight   you need some rest   your brother
your profile picture

❶ 너는 20대처럼 보이지 않아.

❷ 걔(그)는 다른 사람처럼 보였어.

❸ 너 살 빠진 거 같아.

❹ 너 좀 쉬어야 할 거 같아.

❺ 걔(그녀)는 연예인처럼 보여.

❻ 너 다른 사람처럼 보여.

❼ 넌 네 형과 전혀 달라 보여.

❽ 넌 네 프로필 사진과 전혀 달라 보여.

❾ 너 연예인처럼 보여.

❿ 너 20대처럼 보여.

정답 ❶ You don't look like you're in your 20s. ❷ He looked like a different person. ❸ You look like you've lost weight. ❹ You look like you need some rest. ❺ She looks like a celebrity. ❻ You look like a different person. ❼ You don't look anything like your brother. ❽ You don't look anything like your profile picture. ❾ You look like a celebrity. ❿ You look like you're in your 20s.

무엇을 찾고 있는지 말할 땐

I'm looking for ~ 난~를 찾고 있어

look for는 '~을 찾다'라는 뜻으로 찾고 있는 걸 말할 때 쓸 수 있는 패턴이에요. 상점에 가서 원하는 물품을 찾는 경우 또는 길을 찾고 있는 경우에도 유용하게 사용할 수 있어요. for 뒤에 내가 찾고 있는 사물이나 사람을 넣어서 말해 보세요.

음성 강의 / 원어민 발음

STEP 1
패턴 익히기

문장을 읽어 보며 패턴을 연습해 보세요.

**I'm looking for
+
명사**

○ **I'm looking for a part-time job.**
전 시간제 일을 찾고 있어요.

○ **I'm looking for a studio around here.**
전 이 근처에서 원룸을 찾고 있어요.

○ **I'm looking for a skilled designer.**
난 숙련된 디자이너를 찾고 있어.

○ **I'm looking for a present for my mom.**
전 엄마에게 드릴 선물을 찾고 있어요.

○ **I'm looking for men's clothes.**
전 남자 옷을 찾고 있어요.

패턴을 자유자재로 구사할 수 있도록 다양한 형태로 익혀 보세요.

○ **Are you looking for a part-time job?**
시간제 일을 찾고 있나요?

○ **My friend is looking for a studio around here.**
내 친구는 이 근처에서 원룸을 찾고 있어.

○ **We're looking for a skilled designer.**
우린 숙련된 디자이너를 찾고 있어요.

○ **I was looking for a present for my mom.**
난 엄마에게 드릴 선물을 찾고 있었어.

○ **She is looking for men's clothes.**
그분(그녀)은 남자 옷을 찾고 있어요.

대화를 통해 패턴을 익혀 보세요.

A **May I help you?**
도와드릴까요?

B **Yes, please. I'm looking for a long skirt.**
네. 전 긴 치마를 찾고 있어요.

단어 studio 원룸 | skilled 숙련된 | present 선물

기본 패턴을 응용한 추가 패턴도 익혀 보세요.

 한 단계 up! 활용도 100% 플러스 패턴

I'm looking forward to ~
난 ~를 기대하고 있어

설렘을 가지고 어떤 일을 기대하고 있다고 말할 때 쓸 수 있는 패턴이에요. to 뒤에 내가 기쁜 마음을 가지고 기다리고 있는 일을 넣어 말하면 돼요.

○ I'm looking forward to **my vacation.**
난 내 휴가를 기대하고 있어.

○ I'm looking forward to **that moment.**
난 그 순간을 기대하고 있어.

○ I'm looking forward to **their performance.**
난 그들의 공연을 기대하고 있어.

○ I'm looking forward to **working with you.**
전 당신과 함께 일하기를 기대하고 있어요.

○ I'm looking forward to **seeing you again.**
난 너를 다시 보길 기대하고 있어.

단어 vacation 휴가 | moment 순간 | performance 공연

다음 우리말을 주어진 Hint를 이용해 영어로 말해 보세요.

> **HINT** a part-time job   a studio around here   men's clothes
> a skilled designer   a present for my mom
> their performance   seeing you again

❶ 난 엄마에게 드릴 선물을 찾고 있었어.

❷ 전 이 근처에서 원룸을 찾고 있어요.

❸ 난 숙련된 디자이너를 찾고 있어.

❹ 시간제 일을 찾고 있나요?

❺ 전 남자 옷을 찾고 있어요.

❻ 난 그들의 공연을 기대하고 있어.

❼ 전 시간제 일을 찾고 있어요.

❽ 우린 숙련된 디자이너를 찾고 있어요.

❾ 전 엄마에게 드릴 선물을 찾고 있어요.

❿ 난 너를 다시 보길 기대하고 있어.

정답 ❶ I was looking for a present for my mom. ❷ I'm looking for a studio around here. ❸ I'm looking for a skilled designer. ❹ Are you looking for a part-time job? ❺ I'm looking for men's clothes. ❻ I'm looking forward to their performance. ❼ I'm looking for a part-time job. ❽ We're looking for a skilled designer. ❾ I'm looking for a present for my mom. ❿ I'm looking forward to seeing you again.

Unit

11

feel

말하기 패턴

feel
활용법

feel은 '느끼다'라는 뜻으로 뒤에 느낌이나 감정을 나타내는 표현을 써서 '~한 기분이 들다, ~한 느낌이다'라고 말할 수 있고 feel like를 활용해 주어가 하고 싶은 일을 나타낼 수도 있어요. feel을 어떻게 활용해서 말할 수 있는지 알아볼까요?

❶ feel + 형용사: ~하게 느끼다, ~한 기분이다

I feel good. 난 기분이 좋아.

❷ feel + like + 명사: ~처럼 느껴지다

I felt like an idiot. 난 바보처럼 느껴졌어.

❸ feel + like + 명사/동사ing: ~을 하고 싶은 기분이다

I feel like a cup of coffee. 난 커피 한 잔 마시고 싶어.

I feel like crying. 난 울고 싶어.

상태나 기분을 말할 땐

I feel ~ 난 ~하게 느껴져

I feel은 내 기분이나 감정 또는 상태가 어떤지 말할 때 쓸 수 있는 패턴이에요. I feel 다음에 기분, 감정, 상태를 묘사하는 다양한 표현을 넣어 말해 보세요.

음성 강의 / 원어민 발음

STEP 1
패턴 익히기

문장을 읽어 보며 패턴을 연습해 보세요.

I feel
+
형용사

○ **I feel good.**
난 기분이 좋아.

○ **I feel sorry for you.**
난 네가 안쓰럽게 느껴져.

○ **I feel lonely these days.**
난 요즘 외롭게 느껴져.

○ **I feel guilty.**
난 죄책감이 들어.

○ **I feel stressed.**
난 스트레스를 받아.

패턴을 자유자재로 구사할 수 있도록 다양한 형태로 익혀 보세요.

○ I don't feel **good.**
난 기분이 안 좋아.

○ She feels **sorry for you.**
걔(그녀)는 너를 안쓰럽게 생각해.

○ Do you feel **lonely these days?**
넌 요즘 외로움을 느끼니?

○ I didn't feel **guilty.**
난 죄책감이 들지 않았어.

○ Does he feel **stressed?**
걔(그)는 스트레스를 받고 있니?

대화를 통해 패턴을 익혀 보세요.

A Did you finish writing the paper?
너 리포트 다 썼어?

B Yes, I finally did it. Now I feel relieved.
응, 드디어 다 썼어. 이제 안도감이 느껴지네.

단어   sorry 안쓰러운, 애석한 | lonely 외로운 | guilty 죄책감이 드는 |
finish ~ing ~하는 걸 마치다 | relieved 안도하는

기본 패턴을 응용한 추가 패턴도 익혀 보세요.

 한 단계 up! 활용도 100% 플러스 패턴

Feel free to ~
부담 갖지 말고 ~해

상대방에게 뭔가 부담 없이 하라고 호의를 베풀 때 쓸 수 있는 패턴이에요. to 뒤에 상대방이 편하게 했으면 하는 일을 넣어 말해 보세요.

○ **Feel free to ask questions.**
부담 갖지 말고 질문하세요.

○ **Feel free to call me.**
부담 갖지 말고 나한테 전화해.

○ **Feel free to come back anytime.**
부담 갖지 말고 언제든 다시 와.

○ **Feel free to stop by.**
부담 갖지 말고 들러.

○ **Feel free to bring your friends.**
부담 갖지 말고 네 친구들 데려와.

단어   stop by 들르다 ｜ bring 데려오다

패턴 바로 확인하기

다음 우리말을 주어진 Hint를 이용해 영어로 말해 보세요.

> **HINT** good sorry for you lonely these days guilty
> stressed call me bring your friends

❶ 걔(그녀)는 너를 안쓰럽게 생각해.

❷ 난 기분이 안 좋아.

❸ 난 요즘 외롭게 느껴져.

❹ 난 죄책감이 들어.

❺ 난 스트레스를 받아.

❻ 부담 갖지 말고 나한테 전화해.

❼ 넌 요즘 외로움을 느끼니?

❽ 난 죄책감이 들지 않았어.

❾ 부담 갖지 말고 네 친구들 데려와.

❿ 난 기분이 좋아.

정답 ❶ She feels sorry for you. ❷ I don't feel good. ❸ I feel lonely these days. ❹ I feel guilty. ❺ I feel stressed. ❻ Feel free to call me. ❼ Do you feel lonely these days? ❽ I didn't feel guilty. ❾ Feel free to bring your friends. ❿ I feel good.

무언가 하고 싶은 기분이 든다고 말할 땐

I feel like ~   난 ~하고 싶어

무언가 하고 싶은 기분이 든다고 말할 때 쓸 수 있는 패턴으로 want to와 비슷하게 '~하고 싶어'라는 의미를 가지고 있어요. 부정문인 I don't feel like는 '~할 기분이 아니야'라는 의미로 쓴다는 점도 기억해서 활용해 보세요!

음성 강의 / 원어민 발음

STEP 1
패턴 익히기

문장을 읽어 보며 패턴을 연습해 보세요.

I feel like
+
동사ing

○ **I feel like crying.**
난 울고 싶어.

○ **I feel like eating out.**
난 외식하고 싶어.

○ **I feel like quitting my job.**
난 일을 그만두고 싶어.

○ **I feel like going on a vacation.**
난 휴가를 가고 싶어.

○ **I feel like getting close to him.**
난 걔(그)와 더 가까워지고 싶어.

패턴을 자유자재로 구사할 수 있도록 다양한 형태로 익혀 보세요.

○ **I felt like crying.**
난 울고 싶었어.

○ **We feel like eating out.**
우린 외식하고 싶어.

○ **Do you feel like quitting your job?**
넌 일을 그만두고 싶어?

○ **I don't feel like going on a vacation.**
난 휴가를 갈 기분이 아니야.

○ **Did you feel like getting close to him?**
넌 걔(그)와 더 가까워지고 싶었니?

대화를 통해 패턴을 익혀 보세요.

A **I feel like** having some pizza for dinner.
난 저녁으로 피자 먹고 싶어.

B How about trying the new pizza place?
새로 생긴 그 피자 가게 한번 가 볼까?

단어 cry 울다 | eat out 외식하다 | quit one's job 일을 그만두다 |
go on a vacation 휴가를 가다 | get close to ~와 가까워지다

기본 패턴을 응용한 추가 패턴도 익혀 보세요.

 한 단계 up! 활용도 100% 플러스 패턴

How do you feel about ~?
~에 대해 어떻게 생각해?

상대방에게 어떤 것에 대한 의견이나 기분 또는 느낌을 물어볼 때 쓸 수 있는 패턴이에요. about 뒤에 의견을 물어보고 싶은 것이나 행동을 넣어 말해 보세요.

○ **How do you feel about the movie?**
그 영화에 대해 어떻게 생각해?

○ **How do you feel about my new hairstyle?**
내 새로운 헤어스타일에 대해 어떻게 생각해?

○ **How do you feel about his lecture?**
그분(그)의 강의에 대해 어떻게 생각해?

○ **How do you feel about working nights?**
야간 근무를 하는 것에 대해 어떻게 생각해?

○ **How do you feel about finding another job?**
다른 일을 찾는 것에 대해 어떻게 생각해?

단어　lecture 강의 | work nights 야간 근무를 하다 | find 찾다

패턴 바로 확인하기

다음 우리말을 주어진 Hint를 이용해 영어로 말해 보세요.

> **HINT** crying   eating out   quitting my job   finding another job
> going on a vacation   getting close to him   his lecture

❶ 난 울고 싶어.

❷ 난 외식하고 싶어.

❸ 난 휴가를 갈 기분이 아니야.

❹ 난 걔(그)와 더 가까워지고 싶어.

❺ 그분(그)의 강의에 대해 어떻게 생각해?

❻ 우린 외식하고 싶어.

❼ 넌 일을 그만두고 싶어?

❽ 다른 일을 찾는 것에 대해 어떻게 생각해?

❾ 난 휴가를 가고 싶어.

❿ 난 일을 그만두고 싶어.

정답 ❶ I feel like crying. ❷ I feel like eating out. ❸ I don't feel like going on a vacation. ❹ I feel like getting close to him. ❺ How do you feel about his lecture? ❻ We feel like eating out. ❼ Do you feel like quitting your job? ❽ How do you feel about finding another job? ❾ I feel like going on a vacation. ❿ I feel like quitting my job.

sound
말하기 패턴

sound
활용법

sound는 '들리다'라는 뜻으로 어떤 말을 듣거나 읽고 나서 드는 감정이나 느낌을 말할 때 쓸 수 있어요. sound 뒤에 느낌이나 감정을 나타내는 표현을 써서 '(주어가) ~하게 들린다, ~인 것 같다'라는 의미를 나타내요. sound를 어떻게 활용해서 말할 수 있는지 알아볼까요?

❶ sound + 형용사: ~하게 들리다, ~인 것 같다

You sound drunk. 너 취한 거 같아.

❷ sound + like 명사: ~처럼 들리다

You sound like a very nice person. 넌 아주 좋은 사람 같아.

❸ sound + like 문장: ~인 것 같다

You sound like you're jealous. 넌 질투하는 거 같아

34

상대방의 상태가 어떤지 말할 땐

You sound ~ 너 ~하게 들려 / 너 ~한 것 같아

You sound는 상대방의 목소리 또는 상대방이 말하는 내용을 듣고 그 사람의 상태에 대한 나의 느낌을 말할 때 쓰는 패턴이에요. '(네가 하는 말을 들어 보니) ~인 것 같다'라는 의미예요. sound 뒤에 내가 느낀 상대방의 상태를 넣어 말해 보세요.

음성 강의 / 원어민 발음

STEP 1
패턴 익히기

문장을 읽어 보며 패턴을 연습해 보세요.

You sound
+
형용사

○ **You sound sick.**
너 아픈 거 같아.

○ **You sound bored.**
너 지루한 거 같아.

○ **You sound drunk.**
너 취한 거 같아.

○ **You sound nervous.**
너 긴장한 거 같아.

○ **You sound passionate.**
넌 열정적인 거 같아.

패턴을 자유자재로 구사할 수 있도록 다양한 형태로 익혀 보세요.

○ **You sounded sick.**
너 아픈 거 같았어.

○ **Did I sound bored?**
나 지루한 거 같았어?

○ **You don't sound drunk.**
너 취한 거 같지 않은데.

○ **He sounds nervous.**
걔(그)는 긴장한 거 같아.

○ **She didn't sound passionate.**
걔(그녀)는 열정직인 거 같지 않았어.

대화를 통해 패턴을 익혀 보세요.

A I didn't expect him to leave us.
난 걔(그)가 우릴 떠날 줄 몰랐어.

B You sound disappointed. Let's forget about him.
너 실망한 거 같다. 우리 걔(그)에 대한 일은 잊자.

단어 sick 아픈 | bored 지루한 | drunk 취한 | nervous 긴장한 |
passionate 열정적인 | disappointed 실망한

기본 패턴을 응용한 추가 패턴도 익혀 보세요.

 한 단계 up! 활용도 100% 플러스 패턴

That sounds ~
~인 거 같아

어떤 말을 듣고 나서 반응할 때 쓸 수 있는 패턴이에요. 앞에 That은 종종 생략해서 말해요. sounds 뒤에 그 말을 듣고 난 후 드는 느낌이나 생각을 나타내는 표현을 넣어 말해 보세요.

○ **That sounds great.**
좋은 거 같아.

○ **That sounds dangerous.**
위험한 거 같아.

○ **That sounds interesting.**
흥미로운 거 같아.

○ **That sounds weird.**
이상한 거 같아.

○ **That sounds funny.**
웃긴 거 같아.

단어 dangerous 위험한 | interesting 흥미로운 | weird 이상한 | funny 웃긴

패턴 바로 확인하기

다음 우리말을 주어진 Hint를 이용해 영어로 말해 보세요.

> **HINT** sick bored drunk nervous passionate
> interesting funny

1 너 취한 거 같아.

2 너 아픈 거 같아.

3 걔(그녀)는 열정적인 거 같지 않았어.

4 너 지루한 거 같아.

5 걔(그)는 긴장한 거 같아.

6 넌 열정적인 거 같아.

7 흥미로운 거 같아.

8 나 지루한 거 같았어?

9 너 취한 거 같지 않은데.

10 웃긴 거 같아.

정답 **1** You sound drunk. **2** You sound sick. **3** She didn't sound passionate. **4** You sound bored. **5** He sounds nervous. **6** You sound passionate. **7** That sounds interesting. **8** Did I sound bored? **9** You don't sound drunk. **10** That sounds funny.

상대방의 상태에 대한 의견과 추측을 말할 땐

You sound like ~ 너 ~인 거 같아

'~처럼, ~인 것처럼'이란 뜻의 like를 써서 상대방의 목소리나 말하는 내용을 듣고 그 사람이 무엇과 같이 말하는지 또는 어떤 상태나 상황인 것 같은지 내 의견과 추측을 말할 때 쓰는 패턴이에요. like 뒤에 상대방에 대한 나의 의견을 넣어 말해 보세요.

음성 강의 / 원어민 발음

STEP 1
패턴 익히기

문장을 읽어 보며 패턴을 연습해 보세요.

**You sound like
+
명사/문장**

○ **You sound like a very nice person.**
넌 아주 좋은 사람 같아.

○ **You sound like a native speaker.**
넌 원어민 같아.

○ **You sound like you're jealous.**
넌 질투하는 거 같아.

○ **You sound like you don't care about me.**
넌 나를 신경 쓰지 않는 거 같아.

○ **You sound like you're in a good mood.**
넌 기분이 좋은 거 같아.

패턴을 자유자재로 구사할 수 있도록 다양한 형태로 익혀 보세요.

○ **He sounds like a very nice person.**
걔(그)는 아주 좋은 사람 같아.

○ **She doesn't sound like a native speaker.**
걔(그녀)는 원어민 같지 않아.

○ **You don't sound like you're jealous.**
넌 질투하는 거 같지 않은데.

○ **You sounded like you didn't care about me.**
넌 나를 신경 쓰지 않는 거 같았어.

○ **You didn't sound like you were in a good mood.**
넌 기분이 좋은 거 같지 않았어

대화를 통해 패턴을 익혀 보세요.

A I have a lot on my plate these days. I don't know what to do first.
난 요즘 할 일이 산더미야. 뭘 먼저 해야 할지 모르겠어.

B **You sound like you're stressed out.** Let me know if I can help you.
너 스트레스를 받고 있는 거 같아. 내가 도울 게 있다면 알려줘.

단어 native speaker 원어민 | jealous 질투하는 | care about ~를 신경 쓰다
| be in a good mood 기분이 좋다 | have a lot on one's plate
할 일이 산더미다 | be stressed out 스트레스를 받다

STEP 4
플러스 패턴

기본 패턴을 응용한 추가 패턴도 익혀 보세요.

 한 단계 up! 활용도 100% 플러스 패턴

Doesn't it sound like ~?
~인 거 같지 않아?

부정 의문문을 이용해서 나의 추측이나 의견에 대해 상대방의 동의를 구하는 뉘앙스를 나타내는 패턴이에요. like 뒤에 내 의견을 넣어 말해 보세요.

○ **Doesn't it sound like something happened?**
무슨 일이 벌어진 거 같지 않아?

○ **Doesn't it sound like he made a mistake?**
걔(그)가 실수를 한 것 같지 않아?

○ **Doesn't it sound like she knows everything?**
걔(그녀)가 모든 걸 알고 있는 것 같지 않아?

○ **Doesn't it sound like there is something wrong?**
뭔가 잘못된 게 있는 것 같지 않아?

○ **Doesn't it sound like they are interested?**
그들이 흥미 있어 하는 거 같지 않아?

단어 happen 벌어지다, 생기다 | make a mistake 실수하다 |
interested 흥미 있어 하는

패턴 바로 확인하기

다음 우리말을 주어진 Hint를 이용해 영어로 말해 보세요.

> **HINT**
> a very nice person　a native speaker　you're jealous
> you don't care about me　you're in a good mood
> he made a mistake　there is something wrong

❶ 걔(그)는 아주 좋은 사람 같아.

❷ 넌 원어민 같아.

❸ 넌 질투하는 거 같지 않은데.

❹ 넌 나를 신경 쓰지 않는 거 같아.

❺ 넌 기분이 좋은 거 같아.

❻ 걔(그)가 실수를 한 것 같지 않아?

❼ 넌 아주 좋은 사람 같아.

❽ 뭔가 잘못된 게 있는 것 같지 않아?

❾ 넌 기분이 좋은 거 같지 않았어.

❿ 넌 질투하는 거 같아.

정답　❶ He sounds like a very nice person. ❷ You sound like a native speaker. ❸ You don't sound like you're jealous. ❹ You sound like you don't care about me. ❺ You sound like you're in a good mood. ❻ Doesn't it sound like he made a mistake? ❼ You sound like a very nice person. ❽ Doesn't it sound like there is something wrong? ❾ You didn't sound like you were in a good mood. ❿ You sound like you're jealous.

Unit

13

ask
말하기 패턴

ask
활용법

ask는 '묻다, 물어보다'라는 뜻과 '부탁하다'라는 뜻으로 주로 사용돼요. ask를 어떻게 활용해서 말할 수 있는지 알아볼까요?

❶ ask + (사람 +) 명사: (~에게) …를 물어보다

I asked the price. 난 가격을 물어봤어.

▶ **I asked him the price.** 난 걔(그)한테 가격을 물어봤어.

❷ ask + 의문사 + 주어 + 동사: ~를 물어보다

의문사가 있는 문장을 물어보고 싶을 땐 ask 뒤에 '의문사 + 주어 + 동사'로 형태로 말해요.

I asked what she was doing. 난 걔(그녀)가 무슨 일을 하고 있는지 물어봤어.

❸ ask + if/whether + 주어 + 동사: ~인지 물어보다

의문사가 없는 문장을 물어보고 싶다면 'if/whether + 주어 + 동사'로 말해요. if나 whether는 둘 다 '~인지'라는 뜻이에요.

I asked if/whether he knew me. 난 걔(그)가 나를 아는지 물어봤어.

❹ ask + (사람 +) for + 명사: ~를 (달라고) 부탁하다

I asked for some information. 난 정보를 부탁했어.

❺ ask + 사람 + to 동사원형: ~에게 …해달라고 부탁하다

I asked him to come early. 난 걔(그)에게 일찍 와 달라고 부탁했어.

무언가를 요청할 땐

Can I ask for ~? ~를 요청할 수 있을까요?

'~를 요청하다, ~를 달라고 하다'라는 뜻의 ask for를 Can I와 함께 쓰면 정중하게 무언가를 요청하는 패턴이 돼요. for 뒤에 요청하고 싶은 걸 넣어 말해 보세요.

음성 강의 / 원어민 발음

STEP 1
패턴 익히기

문장을 읽어 보며 패턴을 연습해 보세요.

Can I ask for
+
명사?

○ **Can I ask for extra cheese?**
치즈를 추가로 요청할 수 있을까요?

○ **Can I ask for more information?**
정보를 더 요청해도 될까요?

○ **Can I ask for one more copy?**
사본 한 부를 더 부탁드릴 수 있나요?

○ **Can I ask for the bill?**
계산서 좀 갖다주시겠어요?

○ **Can I ask for a glass of water?**
물 한 잔 부탁드려도 될까요?

패턴을 자유자재로 구사할 수 있도록 다양한 형태로 익혀 보세요.

○ I asked for **extra cheese.**
난 치즈를 추가로 요청했어.

○ Is he asking for **more information?**
걔(그)는 정보를 더 요청하고 있니?

○ They asked for **one more copy.**
그분들은 사본 한 부를 더 요청했어.

○ Did you ask for **the bill?**
너 계산서 달라고 요청했어?

○ Did she ask for **a glass of water?**
그분(그녀)이 물 한 잔을 부탁했나요?

대화를 통해 패턴을 익혀 보세요.

A Can I ask for more details?
좀 더 자세한 내용을 요청해도 될까요?

B Sure. I'll send you an email about them.
물론이죠. 제가 그 내용들에 관한 이메일을 보내드릴게요.

단어 extra 추가의 ┃ information 정보 ┃ copy 사본 ┃ bill 계산서 ┃
detail 세부 사항 ┃ send 보내다

STEP 4
플러스 패턴

기본 패턴을 응용한 추가 패턴도 익혀 보세요.

 한 단계 up! 활용도 100% 플러스 패턴

All I'm asking for is ~
내가 바라는 건 ~뿐이야

내가 꼭 원하거나 요청하고 싶은 걸 강조해서 말할 때 쓸 수 있는 패턴이에요. is 뒤에 내가 바라는 것을 넣어 말해 보세요.

○ **All I'm asking for is your attention.**
내가 바라는 건 너의 관심뿐이야.

○ **All I'm asking for is a little change.**
내가 바라는 건 약간의 변화뿐이야.

○ **All I'm asking for is a day off.**
내가 바라는 건 하루 쉬는 것뿐이야.

○ **All I'm asking for is a hot shower.**
내가 바라는 건 뜨거운 물로 샤워하는 것뿐이야.

○ **All I'm asking for is a little help.**
내가 바라는 건 약간의 도움뿐이야.

단어 attention 관심 ¦ day off 휴무

패턴 바로 확인하기

다음 우리말을 주어진 Hint를 이용해 영어로 말해 보세요.

> **HINT** extra cheese   more information   one more copy
> the bill   a glass of water   a day off   a little help

① 그분들은 사본 한 부를 더 요청했어.

② 치즈를 추가로 요청할 수 있을까요?

③ 그분(그녀)이 물 한 잔을 부탁했나요?

④ 정보를 더 요청해도 될까요?

⑤ 너 계산서 달라고 요청했어?

⑥ 사본 한 부를 더 부탁드릴 수 있나요?

⑦ 난 치즈를 추가로 요청했어.

⑧ 내가 바라는 건 하루 쉬는 것뿐이야.

⑨ 내가 바라는 건 약간의 도움뿐이야.

⑩ 계산서 좀 갖다주시겠어요?

정답 **①** They asked for one more copy. **②** Can I ask for extra cheese? **③** Did she ask for a glass of water? **④** Can I ask for more information? **⑤** Did you ask for the bill? **⑥** Can I ask for one more copy? **⑦** I asked for extra cheese. **⑧** All I'm asking for is a day off. **⑨** All I'm asking for is a little help. **⑩** Can I ask for the bill?

37

상대방에게 무언가 해달라고 부탁할 땐

Can I ask you to ~? ~해 줄 수 있어?

상대방에게 무언가를 해 달라고 부탁할 때는 Can I ask you to 패턴을 사용할 수 있어요. to 다음에 부탁하거나 요청하고 싶은 일을 넣어 말하면 돼요. 직역하면 '너에게 ~해 달라고 부탁해도 될까?'인데 '~해 줄 수 있어?'라는 의미로 쓰입니다.

음성 강의 / 원어민 발음

STEP 1
패턴 익히기

문장을 읽어 보며 패턴을 연습해 보세요.

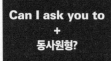

Can I ask you to
+
동사원형?

○ **Can I ask you to get me coffee?**
나 커피 좀 갖다줄 수 있어?

○ **Can I ask you to keep it down a bit?**
좀 조용히 해 줄 수 있어?

○ **Can I ask you to take care of my kids?**
우리 애들 좀 봐 줄 수 있어?

○ **Can I ask you to go out with me?**
나랑 데이트해 줄 수 있어?

○ **Can I ask you to give me a ride?**
나 좀 태워 줄 수 있어?

STEP 2
패턴
활용하기

패턴을 자유자재로 구사할 수 있도록 다양한 형태로 익혀 보세요.

○ I didn't ask you to **get me coffee.**
난 너한테 커피 갖다달라고 부탁하지 않았어.

○ He asked you to **keep it down a bit.**
걔(그)가 너한테 좀 조용히 해달라고 부탁했어.

○ Did she ask you to **take care of her kids?**
걔(그녀)가 너한테 애들 좀 봐 달라고 부탁했니?

○ I'm not asking you to **go out with me.**
너한테 나와 데이트해 달라는 게 아니야.

○ I asked you to **give me a ride.**
나 좀 태워 달라고 부탁했었잖아.

STEP 3
대화로 패턴
익히기

대화를 통해 패턴을 익혀 보세요.

A Can I ask you to **introduce yourself?**
본인 소개 좀 부탁드릴 수 있을까요?

B I'm Julie and I'm from Canada. I've lived in New York for 5 years.
전 Julie이고 캐나다에서 왔어요. 뉴욕에서는 5년 동안 살았어요.

> **단어** keep it down 조용히 하다 ㅣ take care of ~를 돌보다 ㅣ give ~ a ride
> ~를 태워 주다 ㅣ introduce 소개하다

기본 패턴을 응용한 추가 패턴도 익혀 보세요.

 한 단계 up! 활용도 100% 플러스 패턴

Why didn't you ask me to ~?
왜 나한테 ~해 달라고 안 했어?

Why didn't you ~?는 '왜 ~하지 않았어?'라는 뜻으로 상대방이 나에게 부탁하지 않아 아쉬웠거나 안타까웠던 일을 말할 때 쓸 수 있는 패턴이에요.

○ Why didn't you ask me to **help you?**
왜 나한테 도와 달라고 안 했어?

○ Why didn't you ask me to **wake you up?**
왜 나한테 깨워 달라고 안 했어?

○ Why didn't you ask me to **wait outside?**
왜 나한테 밖에서 기다려 달라고 안 했어?

○ Why didn't you ask me to **choose one?**
왜 나한테 하나 골라 달라고 안 했어?

○ Why didn't you ask me to **go with you?**
왜 나한테 같이 가 달라고 안 했어?

단어 | wake ~ up ~를 깨우다 | choose 고르다, 선택하다

패턴 바로 확인하기

다음 우리말을 주어진 Hint를 이용해 영어로 말해 보세요.

> **HINT** get me coffee   keep it down a bit   go with you
> take care of my kids   go out with me   give me a ride
> wake you up

❶ 나 커피 좀 갖다줄 수 있어?

❷ 걔(그)가 너한테 좀 조용히 해달라고 부탁했어.

❸ 나 좀 태워 줄 수 있어?

❹ 우리 애들 좀 봐 줄 수 있어?

❺ 난 너한테 커피 갖다달라고 부탁하지 않았어.

❻ 나랑 데이트해 줄 수 있어?

❼ 걔(그녀)가 너한테 애들 좀 봐 달라고 부탁했니?

❽ 왜 나한테 깨워 달라고 안 했어?

❾ 나 좀 태워 달라고 부탁했었잖아.

❿ 왜 나한테 같이 가 달라고 안 했어?

말하기 패턴
38
어떤 일을 확인해 보겠다고 할 땐

I'll ask if ~ ~인지 물어볼게

ask는 뒤에 '~인지 아닌지'의 뜻을 가진 if를 함께 쓰면 '~인지 물어보다'라는 의미가 돼요. 어떤 일에 대해 물어보겠다고 할 땐 I'll ask if 뒤에 확인하고 싶은 내용을 넣어 말해보세요.

음성 강의 / 원어민 발음

STEP 1
패턴 익히기

문장을 읽어 보며 패턴을 연습해 보세요.

I'll ask if
+
문장

○ **I'll ask if I can smoke here.**
여기서 담배를 피울 수 있는지 물어볼게.

○ **I'll ask if I can return this.**
이걸 환불할 수 있는지 물어볼게.

○ **I'll ask if he will come back soon.**
걔(그)가 곧 돌아오는지 물어볼게.

○ **I'll ask if there is a parking space.**
주차 공간이 있는지 물어볼게.

○ **I'll ask if dogs are allowed.**
개를 데려갈 수 있는지 물어볼게.

패턴을 자유자재로 구사할 수 있도록 다양한 형태로 익혀 보세요.

○ **Please ask if I can smoke here.**
여기서 담배를 피울 수 있는지 물어봐 줘.

○ **I asked if I could return this.**
이걸 환불할 수 있는지 물어봤어.

○ **I didn't ask if he would come back soon.**
난 걔(그)가 곧 돌아올 건지 물어보지 않았어.

○ **Did you ask if there is a parking space?**
주차 공간이 있는지 물어봤어?

○ **Will you ask if dogs are allowed?**
개를 데려갈 수 있는지 물어봐 줄래?

STEP 3
대화로 패턴
익히기

대화를 통해 패턴을 익혀 보세요.

A Why don't you bring your brother to the party?
파티에 네 남동생을 데려오는 게 어때?

B I'll ask if he is free on that day.
그날 걔(그)가 시간이 괜찮은지 물어볼게.

단어 smoke 담배를 피우다 | return 환불하다 | be allowed (입장을) 허가 받다
| bring 데려오다 |

STEP 4
플러스 패턴

기본 패턴을 응용한 추가 패턴도 익혀 보세요.

 한 단계 up! 활용도 100% 플러스 패턴

May I ask if you ~?
~인지 여쭤봐도 될까요?

May I ~?는 상대방에게 '~해도 될까요?'라고 공손히 물어보는 어투예요. 상대방의 상황이나 의중에 대해 예의를 갖춰 조심스럽게 질문할 때 May I ask if you ~? 패턴을 사용해 말해 보세요.

○ **May I ask if you are married?**
결혼하셨는지 여쭤봐도 될까요?

○ **May I ask if you can attend?**
참석하실 수 있는지 여쭤봐도 될까요?

○ **May I ask if you have been here?**
여기에 오신 적이 있는지 여쭤봐도 될까요?

○ **May I ask if you are still hiring?**
아직 고용 중이신지 여쭤봐도 될까요?

○ **May I ask if you are taking any medicine?**
복용 중이신 약이 있는지 여쭤봐도 될까요?

단어   be married 결혼하다 ｜ attend 참석하다 ｜ still 아직, 여전히 ｜ hire 고용하다 ｜ take medicine 약을 복용하다

패턴 바로 확인하기

다음 우리말을 주어진 Hint를 이용해 영어로 말해 보세요.

> **HINT** I can smoke here I can return this are still hiring
> he will come back soon there is a parking space
> dogs are allowed are taking any medicine

❶ 이걸 환불할 수 있는지 물어볼게.

❷ 걔(그)가 곧 돌아오는지 물어볼게.

❸ 주차 공간이 있는지 물어봤어?

❹ 개를 데려갈 수 있는지 물어볼게.

❺ 여기서 담배를 피울 수 있는지 물어봐 줘.

❻ 이걸 환불할 수 있는지 물어봤어.

❼ 아직 고용 중이신지 여쭤봐도 될까요?

❽ 개를 데려갈 수 있는지 물어봐 줄래?

❾ 여기서 담배를 피울 수 있는지 물어볼게.

❿ 복용 중이신 약이 있는지 여쭤봐도 될까요?

정답 ❶ I'll ask if I can return this. ❷ I'll ask if he will come back soon. ❸ Did you ask if there is a parking space? ❹ I'll ask if dogs are allowed. ❺ Please ask if I can smoke here. ❻ I asked if I could return this. ❼ May I ask if you are still hiring? ❽ Will you ask if dogs are allowed? ❾ I'll ask if I can smoke here. ❿ May I ask if you are taking any medicine?

Unit

14

tell
말하기 패턴

tell
활용법

tell은 '말하다'라는 뜻이에요. tell 뒤에 누구에게 무슨 내용을 전하고자 하는지 이어 말하면 돼요. tell을 어떻게 활용해서 말할 수 있는지 알아볼까요?

❶ tell + 사람 + 명사: ~에게 …을 말하다

She told me the news. 걔(그녀)는 나에게 그 소식을 말해줬어.

❷ tell + 사람 + about 명사: ~에게 …에 대해 말하다

명사 앞에 about(~에 대해)을 쓰면 그 명사에 대해 좀 더 포괄적으로 말한다는 의미가 돼요.

Tell me about the situation. 그 상황에 대해 말해줘.

❸ tell + 사람 + to 동사원형: ~에게 …하라고 하다

I told you to be careful. 내가 조심하라고 했잖아.

❹ tell + 사람 + (that) 문장: ~에게 …를 말하다

He told me (that) it wasn't true. 걔(그)는 나한테 그건 사실이 아니라고 했어.

상대방에게 무언가에 대해 말해 달라고 할 땐

Tell me about ~ ~에 대해 말해줘

tell me 뒤에 '~에 대해'라는 뜻의 about을 붙이면 '~에 대해 내게 말해줘'라는 의미의 패턴이 됩니다. 좀 더 공손한 어투로 사용하고 싶다면 패턴 앞에 Can you(~해 주시겠어요?)를 붙여 말해 보세요.

음성 강의 / 원어민 발음

STEP 1
패턴 익히기

문장을 읽어 보며 패턴을 연습해 보세요.

Tell me about
+
명사

○ **Tell me about the schedule.**
일정에 대해 말해줘.

○ **Tell me about the situation.**
그 상황에 대해 말해줘.

○ **Tell me about it in detail.**
그 일에 대해 자세히 말해줘.

○ **Tell me about your siblings.**
네 형제자매에 대해 말해줘.

○ **Tell me about your strengths.**
자신의 장점에 대해 말해주세요.

패턴을 자유자재로 구사할 수 있도록 다양한 형태로 익혀 보세요.

○ **He told me about the schedule.**
걔(그)가 일정에 대해 말해줬어.

○ **They'll tell me about the situation.**
걔네들이 그 상황에 대해 말해줄 거야.

○ **She doesn't tell me about it in detail.**
걔(그녀)는 그 일에 대해 자세히 말해주지 않아.

○ **You didn't tell me about your siblings.**
넌 네 형제자매에 대해 말해주지 않았어.

○ **Can you tell me about your strengths?**
자신의 장점에 대해 말해주시겠어요?

STEP 3
대화로 패턴
익히기

대화를 통해 패턴을 익혀 보세요.

A **Tell me about your new movie.**
이번 새 영화에 대해 말해주세요.

B **Well, it is about a brave young boy.**
음, 한 용감한 어린 소년에 관한 얘기예요.

단어 schedule 일정, 스케줄 | situation 상황 | in detail 자세히 |
sibling 형제자매 | strength 장점 | brave 용감한

STEP 4
플러스 패턴

기본 패턴을 응용한 추가 패턴도 익혀 보세요.

 한 단계 up! 활용도 100% 플러스 패턴

Let me tell you about ~
~에 대해 말해줄게

내가 상대방에게 무언가에 대해 설명해 주려고 할 때 쓸 수 있는 패턴이에요. Let me는 '내가 ~할게'라는 뜻으로 Let me tell you는 '내가 너에게 말해줄게'라는 의미가 됩니다. about 뒤에 상대방에게 말해주고 싶은 걸 넣어 말해 보세요.

○ **Let me tell you about my experience.**
내 경험에 대해 말해줄게.

○ **Let me tell you about my business.**
내 사업에 대해 말해줄게.

○ **Let me tell you about my new boss.**
우리 새 상사에 대해 말해줄게.

○ **Let me tell you about my plans.**
내 계획에 대해 말해줄게.

○ **Let me tell you about our relationship.**
우리의 관계에 대해 말해줄게.

단어 experience 경험 | boss 상사 | plan 계획 | relationship 관계

다음 우리말을 주어진 Hint를 이용해 영어로 말해 보세요.

HINT	the schedule the situation it in detail my plans
	your siblings your strengths my business

❶ 일정에 대해 말해줘.

❷ 걔네들이 그 상황에 대해 말해줄 거야.

❸ 그 일에 대해 자세히 말해줘.

❹ 네 형제자매에 대해 말해줘.

❺ 자신의 장점에 대해 말해주시겠어요?

❻ 내 사업에 대해 말해줄게.

❼ 걔(그녀)는 그 일에 대해 자세히 말해주지 않아.

❽ 넌 네 형제자매에 대해 말해주지 않았어.

❾ 그 상황에 대해 말해줘.

❿ 내 계획에 대해 말해줄게.

정답
❶ Tell me about the schedule. ❷ They'll tell me about the situation. ❸ Tell me about it in detail.
❹ Tell me about your siblings. ❺ Can you tell me about your strengths? ❻ Let me tell you about my business. ❼ She doesn't tell me about it in detail. ❽ You didn't tell me about your siblings.
❾ Tell me about the situation. ❿ Let me tell you about my plans.

40

상대방이 내 말을 듣지 않은 걸 지적할 땐

I told you to ~ 내가 ~하라고 했잖아

내가 말했던 대로 상대방이 하지 않은 걸 지적하거나 원망하는 뉘앙스로 쓸 수 있는 패턴이에요. 핀잔을 주거나 나무라는 상황에 활용할 수 있어요. to 뒤에 내가 하라고 했으나 상대방이 하지 않은 일을 넣어 말해 보세요.

음성 강의 / 원어민 발음

STEP 1
패턴 익히기

문장을 읽어 보며 패턴을 연습해 보세요.

I told you to
+
동사원형

○ **I told you to listen to others.**
내가 다른 사람들 말 들으라고 했잖아.

○ **I told you to be careful.**
내가 조심하라고 했잖아.

○ **I told you to wash the dishes.**
내가 설거지하라고 했잖아.

○ **I told you to make a reservation.**
내가 예약하라고 했잖아.

○ **I told you to give up on her.**
내가 걔(그녀)를 포기하라고 했잖아.

패턴을 자유자재로 구사할 수 있도록 다양한 형태로 익혀 보세요.

○ He told you to **listen to others.**
걔(그)가 너한테 다른 사람들 말 들으라고 했잖아.

○ We told you to **be careful.**
우리가 너한테 조심하라고 했잖아.

○ I didn't tell you to **wash the dishes.**
난 너한테 설거지하라고 안 했어.

○ Did she tell you to **make a reservation?**
걔(그녀)가 너한테 예약하라고 했니?

○ No one told you to **give up on her.**
누구도 너한테 걔(그녀)를 포기하라고 하지 않았어.

STEP 3
대화로 패턴
익히기

대화를 통해 패턴을 익혀 보세요.

A I told you to hurry up.
내가 서두르라고 했잖아.

B I'm sorry! I'm almost ready.
미안! 거의 준비 다 했어.

단어 be careful 조심하다 | make a reservation 예약하다 | give up on
~를 포기하다 | hurry up 서두르다 | almost 거의

STEP 4
플러스 패턴

기본 패턴을 응용한 추가 패턴도 익혀 보세요.

 한 단계 up! 활용도 100% 플러스 패턴

Who told you to ~?
누가 ~하라고 했어?

직역하면 '누가 너에게 ~을 하라고 말했니?'라는 뜻이에요. 진짜 누가 시켰는지 묻는 의미도 있지만 상대방이 이해할 수 없는 행동을 했거나 해서는 안 되는 행동을 했을 때 '대체 누가 그렇게 하라고 했어?'라는 의미로도 쓸 수 있는 패턴이에요.

○ Who told you to **do that?**
   누가 그렇게 하라고 했어?

○ Who told you to **return it?**
   누가 그거 반품하라고 했어?

○ Who told you to **fire him?**
   누가 그를 해고하라고 했어?

○ Who told you to **touch this?**
   누가 이거 만지라고 했어?

○ Who told you to **lock the door?**
   누가 문을 잠그라고 했어?

> **단어** return 반품하다, 돌려주다 | fire 해고하다 | touch 만지다 | lock 잠그다

다음 우리말을 주어진 Hint를 이용해 영어로 말해 보세요.

> **HINT** listen to others   be careful   wash the dishes
> make a reservation   give up on her   return it
> lock the door

❶ 내가 예약하라고 했잖아.

❷ 내가 다른 사람들 말 들으라고 했잖아.

❸ 내가 조심하라고 했잖아.

❹ 난 너한테 설거지하라고 안 했어.

❺ 걔(그)가 너한테 다른 사람들 말 들으라고 했잖아.

❻ 내가 걔(그녀)를 포기하라고 했잖아.

❼ 누가 그거 반품하라고 했어?

❽ 내가 설거지하라고 했잖아.

❾ 걔(그녀)가 너한테 예약하라고 했니?

❿ 누가 문을 잠그라고 했어?

정답 ❶ I told you to make a reservation. ❷ I told you to listen to others. ❸ I told you to be careful.
❹ I didn't tell you to wash the dishes. ❺ He told you to listen to others. ❻ I told you to give up
on her. ❼ Who told you to return it? ❽ I told you to wash the dishes. ❾ Did she tell you to make
a reservation? ❿ Who told you to lock the door?

내가 누군가에게 들은 말을 전할 땐

He told me ~ 걔(그)는 나한테 ~라고 했어

내가 누군가에게 들은 말을 전할 때 쓸 수 있는 패턴으로 He told me 다음에 내가 들은 내용을 넣어 말하면 돼요. 누구에게 들었는지에 따라 He 자리에 다양한 주어를 써서 말할 수 있어요.

음성 강의 / 원어민 발음

STEP 1
패턴 익히기

문장을 읽어 보며 패턴을 연습해 보세요.

He told me
+
문장

○ **He told me it wasn't true.**
걔(그)가 나한테 그건 사실이 아니라고 했어.

○ **He told me they would come.**
걔(그)는 나한테 그 사람들이 올 거라고 말했어.

○ **He told me Sean talked behind my back.**
걔(그)는 나한테 Sean이 내 험담을 했다고 말했어.

○ **He told me you're dating someone.**
걔(그)는 나한테 네가 누군가와 만나고 있다고 말했어.

○ **He told me he moved to London.**
걔(그)는 나한테 런던으로 이사 갔다고 말했어.

패턴을 자유자재로 구사할 수 있도록 다양한 형태로 익혀 보세요.

○ Please tell me **it wasn't true.**
그건 사실이 아니었다고 말해줘.

○ He didn't tell me **they would come.**
걔(그)는 나한테 그 사람들이 올 거라고 말하지 않았어.

○ They told me **Sean talked behind my back.**
걔네가 나한테 Sean이 내 험담을 했다고 말했어.

○ She told me **you're dating someone.**
걔(그녀)는 나한테 네가 누군가와 만나고 있다고 말했어.

○ Did you tell me **he moved to London?**
네가 나한테 걔(그)가 런던으로 이사 갔다고 말했니?

대화를 통해 패턴을 익혀 보세요.

A He told me he sent an email to you.
걔(그)가 너한테 이메일 보냈다고 나한테 말했어.

B Did he? I haven't received anything yet.
그랬어? 나 아직 아무것도 안 받았는데.

단어   true 사실인 | talk behind one's back ~의 험담을 하다 |
date ~와 만나다, ~와 데이트하다 | receive 받다

STEP 4
플러스 패턴

기본 패턴을 응용한 추가 패턴도 익혀 보세요.

 한 단계 up! 활용도 100% 플러스 패턴
....

Are you telling me ~?
너 지금 ~라고 말하는 거야?

상대방이 한 말을 잘 못 알아들었거나, 믿기 어려워서 다시 한번 되물을 때 쓸 수 있는 패턴이에요. Are you telling me 다음에 확인하고자 하는 내용을 넣어 말하면 돼요.

○ **Are you telling me you want to quit?**
너 지금 그만두고 싶다고 말하는 거야?

○ **Are you telling me you don't know her?**
너 지금 그녀를 모른다고 말하는 거야?

○ **Are you telling me I look old?**
너 지금 내가 나이 들어 보인다고 말하는 거야?

○ **Are you telling me it's impossible?**
너 지금 그게 불가능하다고 말하는 거야?

○ **Are you telling me she left you?**
너 지금 걔(그녀)가 널 떠났다고 말하는 거야?

단어 quit 그만두다 | look old 나이 들어 보이다 | impossible 불가능한

다음 우리말을 주어진 Hint를 이용해 영어로 말해 보세요.

> **HINT** it wasn't true   they would come   it's impossible
> Sean talked behind my back   you don't know her
> you're dating someone   he moved to London

① 그건 사실이 아니었다고 말해줘.

② 걔(그)는 나한테 그 사람들이 올 거라고 말했어.

③ 네가 나한테 걔(그)가 런던으로 이사 갔다고 말했니?

④ 걔(그)는 나한테 네가 누군가와 만나고 있다고 말했어.

⑤ 걔(그)가 나한테 그건 사실이 아니라고 했어.

⑥ 걔(그)는 나한테 그 사람들이 올 거라고 말하지 않았어.

⑦ 너 지금 그녀를 모른다고 말하는 거야?

⑧ 걔(그)는 나한테 Sean이 내 험담을 했다고 말했어.

⑨ 너 지금 그게 불가능하다고 말하는 거야?

⑩ 걔(그)는 나한테 런던으로 이사 갔다고 말했어.

정답 **①** Please tell me it wasn't true. **②** He told me they would come. **③** Did you tell me he moved to London? **④** He told me you're dating someone. **⑤** He told me it wasn't true. **⑥** He didn't tell me they would come. **⑦** Are you telling me you don't know her? **⑧** He told me Sean talked behind my back. **⑨** Are you telling me it's impossible? **⑩** He told me he moved to London.

Unit

15

mean
말하기 패턴

mean
활용법

mean은 '의미하다' 또는 '의도하다'라는 뜻이에요. 대화에서 나의 의도를 명확히 말하거나 누군가의 의도를 물어볼 때 사용할 수 있어요. mean을 어떻게 활용해서 말할 수 있는지 알아볼까요?

❶ mean + 명사/문장: ~를 의미하다

Do you mean Andy or Mark? Andy를 말하는 거야, Mark를 말하는 거야?

Do you mean it's possible? 그게 가능하다는 거야?

❷ mean + to 동사원형: ~할 의도이다, ~할 작정이다

I didn't mean to bother you. 널 방해하려던 게 아니었어.

42

상대방의 정확한 의도를 확인할 땐

Do you mean ~? ~라는 거야?

Do you mean ~? 패턴을 이용해 상대방이 한 말의 정확한 의도를 물어볼 수 있어요. 상대방이 한 말이 잘 이해가 되지 않거나, 그 내용이 놀랍거나 황당해서 다시 한번 확인하고 싶을 때 쓸 수 있습니다. Do you mean 뒤에 확인하고 싶은 내용을 넣어 말해 보세요.

음성 강의 / 원어민 발음

STEP 1
패턴 익히기

문장을 읽어 보며 패턴을 연습해 보세요.

Do you mean
+
문장?

○ **Do you mean it's possible?**
그게 가능하다는 거야?

○ **Do you mean they got divorced?**
걔네가 이혼했다는 거야?

○ **Do you mean I can't go inside?**
제가 안에 못 들어간다는 건가요?

○ **Do you mean I should quit drinking?**
제가 술을 끊어야 된다는 건가요?

○ **Do you mean it's sold out?**
그게 매진이라는 말인가요?

패턴을 자유자재로 구사할 수 있도록 다양한 형태로 익혀 보세요.

○ He means **it's possible.**

개(그) 말은 그게 가능하다는 거야.

○ Does she mean **they got divorced?**

개(그녀) 말은 개네가 이혼했다는 거야?

○ Do they mean **I can't go inside?**

그 사람들 말은 제가 안에 못 들어간다는 건가요?

○ I mean **I should quit drinking.**

내 말은 내가 술을 끊어야 된다는 거야.

○ Did you mean **it was sold out?**

그게 매진이라는 말이었어?

대화를 통해 패턴을 익혀 보세요.

A I'm going to lose 5kg.

난 5킬로그램을 감량할 거야.

B Do you mean you're going on a diet?

다이어트를 하겠다는 말이야?

단어 　possible 가능한 ｜ get divorced 이혼하다 ｜ be sold out 매진되다 ｜
go on a diet 다이어트를 하나

기본 패턴을 응용한 추가 패턴도 익혀 보세요.

 한 단계 up! 활용도 100% 플러스 패턴

What do you mean by ~?
~라는 게 무슨 말이야?

상대방이 한 말의 정확한 의도를 파악하고 싶을 때 쓸 수 있는 패턴이에요. by 뒤에 상대방에게 추가적인 설명을 묻고 싶은 내용을 넣어 사용할 수 있어요. 단순히 뜻을 물어보는 것이 아니라 그 말을 한 의도가 무엇인지 물어보는 의미예요.

○ **What do you mean by that?**
그게 무슨 말이야?

○ **What do you mean by "later"?**
'나중에'라는 게 무슨 말이야?

○ **What do you mean by being dressed up?**
잘 차려 입으라는 게 무슨 말이야?

○ **What do you mean by cheating?**
속인다는 게 무슨 말이야?

○ **What do you mean by changing something?**
뭔가를 바꾼다는 게 무슨 말이야?

단어 be dressed up 잘 차려 입다 | cheat 속이다

다음 우리말을 주어진 Hint를 이용해 영어로 말해 보세요.

> **HINT** it's possible   they got divorced   I can't go inside
> I should quit drinking   it's[it was] sold out   cheating
> changing something

❶ 그게 가능하다는 거야?

❷ 그게 매진이라는 말이었어?

❸ 제가 안에 못 들어간다는 건가요?

❹ 내 말은 내가 술을 끊어야 된다는 거야.

❺ 그게 매진됐다는 말인가요?

❻ 걔(그) 말은 그게 가능하다는 거야.

❼ 속인다는 게 무슨 말이야?

❽ 그 사람들 말은 제가 안에 못 들어간다는 건가요?

❾ 뭔가를 바꾼다는 게 무슨 말이야?

❿ 걔네가 이혼했다는 거야?

정답 ❶ Do you mean it's possible? ❷ Did you mean it was sold out? ❸ Do you mean I can't go inside? ❹ I mean I should quit drinking. ❺ Do you mean it's sold out? ❻ He means it's possible. ❼ What do you mean by cheating? ❽ Do they mean I can't go inside? ❾ What do you mean by changing something? ❿ Do you mean they got divorced?

I didn't mean to ~ 난 ~하려던 게 아니었어

I didn't mean to는 과거에 내가 한 말이나 행동을 상대방이 오해한 경우 의도적으로 그러려던 게 아니었다고 이해를 구하는 상황에 쓸 수 있는 패턴이에요. to 뒤에 내 의도가 아니었던 일을 넣어 말해 보세요.

음성 강의 / 원어민 발음

문장을 읽어 보며 패턴을 연습해 보세요.

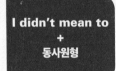

I didn't mean to
+
동사원형

○ **I didn't mean to bother you.**
  난 널 방해하려던 게 아니었어.

○ **I didn't mean to brag.**
  난 자랑하려던 게 아니었어.

○ **I didn't mean to hurt you.**
  난 널 상처 주려던 게 아니었어.

○ **I didn't mean to offend you.**
  난 널 기분 나쁘게 하려던 게 아니었어.

○ **I didn't mean to scare you.**
  난 널 겁주려던 게 아니었어.

패턴을 자유자재로 구사할 수 있도록 다양한 형태로 익혀 보세요.

○ We didn't mean to **bother you.**
우린 널 방해하려던 게 아니었어.

○ Did you mean to **brag?**
넌 자랑하려던 거였어?

○ He doesn't mean to **hurt you.**
걔(그)는 널 상처 주려는 게 아니야.

○ I don't mean to **offend you.**
난 널 기분 나쁘게 하려는 게 아니야.

○ They didn't mean to **scare you.**
걔네는 널 겁주려고 한 게 아니야.

대화를 통해 패턴을 익혀 보세요.

A Why did you say such a thing in front of everyone?
왜 모두 앞에서 그런 얘길 한 거야?

B Sorry, I didn't mean to embarrass you.
미안, 널 난처하게 하려던 건 아니었어.

단어
bother 방해하다 | brag 자랑하다 | hurt 상처를 주다 | offend
기분 상하게 하다 | scare 겁주다 | such 그러한 | in front of ~의 앞에서 |
embarrass 난처하게 하다

기본 패턴을 응용한 추가 패턴도 익혀 보세요.

 한 단계 up! 활용도 100% 플러스 패턴

That's what I meant to ~

그게 바로 내가 ~하려던 거야

상대방이 내 의도를 정확히 간파했을 때 또는 상대방과 내 생각이 같을 때 쓸 수 있는 패턴이에요. to 뒤에 내가 하려던 것이 무엇인지 넣어 말해 보세요.

○ That's what I meant to **say.**
그게 바로 내가 말하려던 거야.

○ That's what I meant to **do.**
그게 바로 내가 하려던 거야.

○ That's what I meant to **explain.**
그게 바로 내가 설명하려던 거야.

○ That's what I meant to **suggest.**
그게 바로 내가 제안하려던 거야.

○ That's what I meant to **ask.**
그게 바로 내가 물어보려던 거야.

단어   explain 설명하다 ｜ suggest 제안하다

패턴 바로 확인하기

다음 우리말을 주어진 Hint를 이용해 영어로 말해 보세요:

❶ 난 널 방해하려던 게 아니었어.

❷ 넌 자랑하려던 거였어?

❸ 난 널 상처 주려던 게 아니었어.

❹ 난 널 기분 나쁘게 하려던 게 아니었어.

❺ 걔네는 널 겁주려고 한 게 아냐.

❻ 우린 널 방해하려던 게 아니었어.

❼ 그게 바로 내가 제안하려던 거야.

❽ 난 널 기분 나쁘게 하려는 게 아니야.

❾ 그게 바로 내가 물어보려던 거야.

❿ 난 널 겁주려던 게 아니었어.

정답 ❶ I didn't mean to bother you. ❷ Did you mean to brag? ❸ I didn't mean to hurt you. ❹ I didn't mean to offend you. ❺ They didn't mean to scare you. ❻ We didn't mean to bother you. ❼ That's what I meant to suggest. ❽ I don't mean to offend you. ❾ That's what I meant to ask. ❿ I didn't mean to scare you.

believe

말하기 패턴

believe
활용법

believe는 '믿다'라는 뜻이에요. believe 뒤에 바로 목적어를 쓰면 '~의 말을 믿다, ~라는 사실을 믿다'라는 의미가 되지만 believe in 뒤에 목적어를 쓰면 '~의 존재를 믿다, ~의 능력이나 가치를 믿다, ~를 신뢰하다'라는 의미가 돼요. 이 쓰임을 잘 기억하면서 believe를 어떻게 활용해서 말할 수 있는지 알아볼까요?

❶ believe + in 명사/동사ing: ~의 존재를 믿다, ~의 능력이나 가치를 믿다

I believe in myself. 난 내 자신의 능력을 믿어.

I believe in skipping dinner. 난 저녁을 굶는 게 좋다고 믿어.

❷ believe + 명사: ~를 믿다, ~의 말을 믿다

I don't believe you. 난 널 믿지 않아.

I believe her words. 난 걔(그녀)의 말을 믿어.

❸ believe + 문장: ~라는 걸 믿다, ~라고 생각한다

believe 뒤에 문장을 쓰면 믿는다는 뜻도 되지만 어떤 상황이 가능하다고 생각한다는 의미를 전달하기도 해요.

I believe he'll get better soon. 난 걔(그)가 곧 회복할 거라 생각해.

어떤 것의 존재나 가치를 믿는다고 말할 땐

I believe in ~ 난 ~를 믿어 / 난 ~가 좋다고 믿어

believe는 '믿다'라는 뜻인데 뒤에 in을 붙이면 '~의 존재를 믿다, ~의 능력이나 가치를 믿다, ~를 신뢰하다'라는 의미가 돼요. in 뒤에 내가 신뢰하는 것 또는 가치가 있다고 생각하는 행동을 넣어 말해 보세요.

음성 강의 / 원어민 발음

STEP 1
패턴 익히기

문장을 읽어 보며 패턴을 연습해 보세요.

I believe in
+
명사/동사ing

○ **I believe in myself.**
난 내 자신을 믿어.

○ **I believe in this method.**
난 이 방법이 좋다고 믿어.

○ **I believe in skipping dinner.**
난 저녁을 굶는 게 좋다고 믿어.

○ **I believe in destiny.**
난 운명을 믿어.

○ **I believe in working from home.**
난 재택근무를 하는 게 좋다고 믿어.

STEP 2
패턴
활용하기

패턴을 자유자재로 구사할 수 있도록 다양한 형태로 익혀 보세요.

○ **I don't believe in myself.**
난 내 자신을 믿지 않아.

○ **She believes in this method.**
걔(그녀)는 이 방법이 좋다고 믿어.

○ **Do you believe in skipping dinner?**
넌 저녁을 굶는 게 좋다고 믿는 거야?

○ **I won't believe in destiny.**
난 운명을 믿지 않을 거야.

○ **He doesn't believe in working from home.**
걔(그)는 재택근무를 하는 게 좋다고 믿지 않아.

STEP 3
대화로 패턴
익히기

대화를 통해 패턴을 익혀 보세요.

A I'm not sure I can do it.
내가 할 수 있을지 확신이 없어.

B I believe in you. You'll do a great job!
난 네 능력을 믿어. 넌 아주 잘 해낼 거야!

단어 method 방법 | skip 건너 뛰다 | destiny 운명 |
work from home 재택근무를 하다

STEP 4
플러스 패턴

기본 패턴을 응용한 추가 패턴도 익혀 보세요.

 한 단계 up! 활용도 100% 플러스 패턴

Believe it or not, ~
믿을지 모르겠지만

상대방이 받아들이기 힘들 것 같은 내용을 전하면서 '믿을지 모르겠지만' 또는 '이상하게 들리겠지만'이라고 운을 뗄 때 쓸 수 있는 패턴이에요. 이 패턴 뒤에 내가 전달하고 싶은 내용을 넣어 말해 보세요.

○ **Believe it or not, I quit my job.**
믿을지 모르겠지만, 나 일 그만뒀어.

○ **Believe it or not, I'm leaving tomorrow.**
믿을지 모르겠지만, 나 내일 떠나.

○ **Believe it or not, I'm getting married.**
믿을지 모르겠지만, 나 결혼해.

○ **Believe it or not, that's true.**
믿을지 모르겠지만, 그건 사실이야.

○ **Believe it or not, he is in his 40s.**
믿을지 모르겠지만, 그 사람은 40대야.

> **단어** get married 결혼하다 | be in one's 40s 40대이다

다음 우리말을 주어진 Hint를 이용해 영어로 말해 보세요.

HINT	myself this method skipping dinner destiny
	working from home I'm getting married that's true

❶ 난 내 자신을 믿지 않아.

❷ 난 이 방법이 좋다고 믿어.

❸ 넌 저녁을 굶는 게 좋다고 믿는 거야?

❹ 난 운명을 믿어.

❺ 난 재택근무를 하는 게 좋다고 믿어.

❻ 걔(그녀)는 이 방법이 좋다고 믿어.

❼ 난 내 자신을 믿어.

❽ 난 운명을 믿지 않을 거야.

❾ 믿을지 모르겠지만, 나 결혼해.

❿ 믿을지 모르겠지만, 그건 사실이야.

정답   ❶ I don't believe in myself. ❷ I believe in this method. ❸ Do you believe in skipping dinner? ❹ I believe in destiny. ❺ I believe in working from home. ❻ She believes in this method. ❼ I believe in myself. ❽ I won't believe in destiny. ❾ Believe it or not, I'm getting married. ❿ Believe it or not, that's true.

사실이라고 믿는 걸 말할 땐

I believe ~ 난 ~라고 믿어 / 난 ~라고 생각해

I believe는 내가 사실이라고 믿거나 확신하는 일을 말할 때 쓸 수 있는 패턴이에요. 또는 의견을 부드럽게 전할 때 쓸 수 있어요. I believe 뒤에 내가 믿는 것이나 내가 생각하는 내용을 넣어 말해 보세요.

음성 강의 / 원어민 발음

STEP 1
패턴 익히기

문장을 읽어 보며 패턴을 연습해 보세요.

I believe
+
명사/문장

○ **I believe her words.**
난 걔(그녀)의 말을 믿어.

○ **I believe he'll get better soon.**
난 걔(그)가 곧 회복할 거라 생각해.

○ **I believe you made the right decision.**
난 네가 옳은 결정을 했다고 믿어.

○ **I believe Evan plays an important role.**
난 Evan이 중요한 역할을 한다고 생각해.

○ **I believe this is the best way.**
난 이게 최고의 방법이라 생각해.

패턴을 자유자재로 구사할 수 있도록 다양한 형태로 익혀 보세요.

○ **I don't believe her words.**
난 걔(그녀)의 말을 안 믿어.

○ **Do you believe he'll get better soon?**
넌 걔(그)가 곧 회복할 거라 믿니?

○ **She believed you made the right decision.**
걔(그녀)는 네가 옳은 결정을 했다고 믿었어.

○ **He doesn't believe Evan plays an important role.**
걔(그)는 Evan이 중요한 역할을 한다고 생각하지 않아.

○ **I don't believe this is the best way.**
난 이게 최고의 방법이라 생각하지 않아.

STEP 3
대화로 패턴
익히기

대화를 통해 패턴을 익혀 보세요.

A **He didn't take our offer.**
걔(그)는 우리 제안을 받아들이지 않았어.

B **I believe he will regret it, but it's his choice.**
난 걔(그)가 후회할 거라 생각하지만 그건 걔(그)의 선택이지 뭐.

단어   word 말 ┃ get better 회복하다 ┃ decision 결정 ┃ play an important role 중요한 역할을 하다 ┃ offer 제안 ┃ regret 후회하다 ┃ choice 선택

STEP 4
플러스 패턴

기본 패턴을 응용한 추가 패턴도 익혀 보세요.

 한 단계 up! 활용도 100% 플러스 패턴

I can't believe ~
~라니 말도 안 돼

좋은 쪽이든 나쁜 쪽이든 믿기 힘든 일을 말할 때 사용할 수 있는 패턴이에요. 직역하면 '~라는 걸 믿을 수 없다'라는 뜻이지만 '~라니 말도 안 돼'라는 의미로 쓸 수 있어요.

○ **I can't believe he dumped Amy.**
걔(그)가 Amy를 찼다니 말도 안 돼.

○ **I can't believe you made this cake.**
네가 이 케이크를 만들었다니 말도 안 돼.

○ **I can't believe she lost.**
걔(그녀)가 졌다니 말도 안 돼.

○ **I can't believe it's already December.**
벌써 12월이라니 말도 안 돼.

○ **I can't believe he said that.**
걔(그)가 그런 말을 했다니 말도 안 돼.

단어   dump 차다 | lose 지다 | already 벌써

패턴 바로 확인하기

다음 우리말을 주어진 Hint를 이용해 영어로 말해 보세요.

> **HINT** her words   he'll get better soon   it's already December
> you made the right decision   plays an important role
> this is the best way   he said that

❶ 난 걔(그녀)의 말을 안 믿어.

❷ 난 걔(그)가 곧 회복할 거라 생각해.

❸ 걔(그녀)는 네가 옳은 결정을 했다고 믿었어.

❹ 난 Evan이 중요한 역할을 한다고 생각해.

❺ 난 이게 최고의 방법이라 생각하지 않아.

❻ 넌 걔(그)가 곧 회복할 거라 믿니?

❼ 걔(그)는 Evan이 중요한 역할을 한다고 생각하지 않아.

❽ 벌써 12월이라니 말도 안 돼.

❾ 난 이게 최고의 방법이라 생각해.

❿ 걔(그)가 그런 말을 했다니 말도 안 돼.

mind

말하기 패턴

mind
활용법

mind는 '언짢아하다, 상관하다'라는 뜻이에요. 의문문으로 사용하면 '~해도 괜찮나요?'라는 의미로 양해를 구하는 표현으로 쓸 수도 있어요. mind를 어떻게 활용해서 말할 수 있는지 알아볼까요?

❶ mind + 명사/동사 ing: ~를 언짢아하다, ~를 상관하다

I don't mind the color. 난 색깔은 상관없어.

Do you mind waiting? 기다려도 괜찮아?

❷ mind + if + 문장: ~가 언짢다

Do you mind if I close the window? 창문을 닫아도 될까?

어떤 것도 괜찮다고 말할 때

I don't mind ~ 난 ~는 상관없어 / 난 ~해도 괜찮아

I don't mind 패턴은 내가 별로 신경 쓰지 않거나 개의치 않는 일을 말할 때 쓸 수 있어요. 난 뭘 해도 상관없으니 괜찮다고 상대방을 안심시키는 의미예요. mind 뒤에 내가 크게 개의치 않는 것이나 행동을 넣어 말해 보세요.

· 음성 강의 / 원어민 발음

STEP 1
패턴 익히기

문장을 읽어 보며 패턴을 연습해 보세요.

○ **I don't mind the color.**
난 색깔은 상관없어.

○ **I don't mind waiting.**
난 기다려도 괜찮아.

○ **I don't mind the cold.**
난 추운 건 상관없어.

○ **I don't mind being alone.**
난 혼자 있어도 괜찮아.

○ **I don't mind paying extra.**
난 추가 요금을 내도 상관없어.

패턴을 자유자재로 구사할 수 있도록 다양한 형태로 익혀 보세요.

○ She doesn't mind **the color.**
개(그녀)는 색깔은 신경 안 써.

○ I didn't mind **waiting.**
난 기다려도 상관없었어.

○ We don't mind **the cold.**
우린 추운 건 상관없어.

○ He didn't mind **being alone.**
개(그)는 혼자 있는 건 상관 안 했어.

○ You don't mind **paying extra?**
넌 추가 요금 내도 상관없어?

대화를 통해 패턴을 익혀 보세요.

A Will you take a seat here? It's not taken.
여기 앉으실래요? 빈자리예요.

B Oh, thank you but I don't mind standing.
오, 고맙지만 전 서 있어도 괜찮아요.

단어 cold 추위 ¦ be alone 혼자 있다 ¦ pay extra 추가 요금을 내다 ¦
take a seat 자리에 앉다 ¦ stand 서 있다

STEP 4
플러스 패턴

기본 패턴을 응용한 추가 패턴도 익혀 보세요.

 한 단계 up! 활용도 100% 플러스 패턴

Mind your ~

~나 신경 써 / ~ 조심해

mind는 '조심하다'라는 뜻도 있어요. 그래서 상대방에게 무언가 주의를 주거나 경고할 때 Mind your 패턴을 사용해 말할 수 있어요.

○ **Mind your own business.**
네 일이나 신경 써.

○ **Mind your head!**
머리 조심해!

○ **Mind your language.**
말 조심해.

○ **Mind your manners.**
예의 좀 신경 써.

○ **Mind your health.**
건강 좀 신경 써.

> **단어** business 일 | language 말씨, 언어 | manner 예의, 매너

패턴 바로 확인하기

다음 우리말을 주어진 Hint를 이용해 영어로 말해 보세요.

❶ 난 색깔은 상관없어.

❷ 난 기다려도 상관없었어.

❸ 난 추운 건 상관없어.

❹ 난 혼자 있어도 괜찮아.

❺ 넌 추가 요금 내도 상관없어?

❻ 걔(그녀)는 색깔은 신경 안 써.

❼ 우린 추운 건 상관없어.

❽ 네 일이나 신경 써.

❾ 난 기다려도 괜찮아.

❿ 말 조심해.

정답   ❶ I don't mind the color. ❷ I didn't mind waiting. ❸ I don't mind the cold. ❹ I don't mind being alone. ❺ You don't mind paying extra? ❻ She doesn't mind the color. ❼ We don't mind the cold. ❽ Mind your own business. ❾ I don't mind waiting. ❿ Mind your language.

말하기 패턴

47

상대방에게 양해를 구할 땐

Do you mind if ~? ~해도 괜찮을까요?

상대방에게 정중하게 허락을 구할 때 쓸 수 있는 패턴이에요. 직역하면 '제가 ~한다면 꺼려지실까요?'라는 뜻이라서 'No'라는 대답을 들어야 허락을 받은 셈이 됩니다.

음성 강의 / 원어민 발음

STEP 1
패턴 익히기

문장을 읽어 보며 패턴을 연습해 보세요.

Do you mind if
+
문장?

○ **Do you mind if I take this seat?**
이 자리에 앉아도 괜찮을까요?

○ **Do you mind if we look around?**
저희가 둘러봐도 괜찮을까요?

○ **Do you mind if they stay here?**
그들이 여기 머물러도 괜찮을까요?

○ **Do you mind if it takes a long time?**
시간이 오래 걸려도 괜찮을까요?

○ **Do you mind if I leave early?**
저 일찍 퇴근해도 괜찮을까요?

패턴을 자유자재로 구사할 수 있도록 다양한 형태로 익혀 보세요.

○ **They don't mind if I take this seat.**
걔네들은 내가 이 자리에 앉아도 괜찮대.

○ **Would you mind if we looked around?**
저희가 둘러봐도 괜찮으실까요?

> Would를 쓰면 좀 더 정중한 표현이 되는데 이때는 if 문장 안의 동사를 과거형으로 써야 해요.

○ **I don't mind if they stay here.**
난 그들이 여기 머물러도 상관없어.

○ **He doesn't mind if it takes a long time.**
걔(그)는 시간이 오래 걸려도 괜찮대.

○ **She doesn't mind if I leave early.**
그분(그녀)은 제가 일찍 퇴근해도 신경 쓰지 않아요.

STEP 3
대화로 패턴
익히기

대화를 통해 패턴을 익혀 보세요.

A Do you mind if I open the window?
창문 좀 열어도 될까요?

B Not at all!
그럼요!

> **단어** take a seat 자리에 앉다 | look around 둘러보다 |
> leave early 일찍 퇴근하다

STEP 4
플러스 패턴

기본 패턴을 응용한 추가 패턴도 익혀 보세요.

 한 단계 up! 활용도 100% 플러스 패턴

if you don't mind
괜찮으시다면

내가 하고자 하는 행동에 대해 상대방에게 양해를 구하거나 허가를 요청하고 싶을 때 쓸 수 있는 패턴이에요. 문장의 앞이나 뒤에 붙여서 상대방의 의사를 정중하게 묻는 표현을 할 수 있어요.

○ **If you don't mind, can we take a picture together?**
괜찮으시다면, 같이 사진 찍어도 될까요?

○ **I'd like to talk to you, if you don't mind.**
괜찮으시면, 얘기 좀 하고 싶어요.

○ **If you don't mind, can I turn up the volume a little?**
괜찮으시다면, 제가 소리를 좀 키워도 괜찮을까요?

○ **If you don't mind, can you repeat it?**
괜찮으시다면, 한 번 더 말해 주실래요?

○ **If you don't mind, I'd like to join you.**
괜찮으시다면, 저도 합류하고 싶어요.

> **단어** turn up the volume 소리를 높이다 | repeat 반복하다 | join 합류하다

다음 우리말을 주어진 Hint를 이용해 영어로 말해 보세요.

> **HINT** take this seat   we look around   they stay here
> it takes a long time   I leave early   can you repeat it
> I'd like to join you

❶ 걔네들은 내가 이 자리에 앉아도 괜찮대.

❷ 저희가 둘러봐도 괜찮을까요?

❸ 그분(그녀)은 제가 일찍 퇴근해도 신경 쓰지 않아요.

❹ 그들이 여기 머물러도 괜찮을까요?

❺ 저 일찍 퇴근해도 괜찮을까요?

❻ 걔(그)는 시간이 오래 걸려도 괜찮대.

❼ 난 그들이 여기 머물러도 상관없어.

❽ 괜찮으시다면, 한 번 더 말해 주실래요?

❾ 이 자리에 앉아도 괜찮을까요?

❿ 괜찮으시다면, 저도 합류하고 싶어요.

Unit

18

decide, say, realize

말하기 패턴

decide 활용법

decide는 '결정하다'라는 뜻으로 여러 상황을 고려해 신중하게 내린 결정을 의미해요. decide를 어떻게 활용해서 말할 수 있는지 알아볼까요?

❶ decide + to 동사: ~하기로 결정하다

I decided to study abroad. 나 유학하기로 결정했어.

❷ decide + (that +) 문장: ~라고 결정하다

We decided that we would stay here. 우리는 여기 남아 있기로 결정했어.

say 활용법

say는 '말하다'라는 뜻이에요. 누구에게 말하는지 나타낼 때는 'to + 사람'을 붙여서 쓰기도 해요. say를 어떻게 활용해서 말할 수 있는지 알아볼까요?

❶ say + 명사: ~를 말하다

Say something. 뭐라고 말 좀 해 봐.

❷ say + (that +) 문장: ~라고 말하다

You said you would come. 너 올 거라고 했잖아.

realize 활용법

realize는 '깨닫다, 알게 되다'라는 뜻으로 뭔가 새로운 사실을 알게 되었을 때 쓸 수 있어요. realize를 어떻게 활용해서 말할 수 있는지 알아볼까요?

❶ realize + 명사: ~를 깨닫다, ~를 알게 되다

I realized the importance of health. 난 건강의 중요성을 깨달았어.

❷ realize + (that +) 문장: ~라는 사실을 깨닫다, ~라는 걸 알게 되다

I realized we were too late. 난 우리가 너무 늦었다는 걸 알게 되었어.

하기로 결심한 일을 말할 땐

I decided to ~ 나 ~하기로 결정했어

I decided to 패턴은 내가 이미 하기로 결정한 일을 말할 때 사용할 수 있어요. 순간적으로 내린 결정이 아니라 여러 상황을 고려한 후 신중하게 내린 결정을 의미해요. to 뒤에 내가 심사숙고하여 하기로 결정한 일을 넣어 말해 보세요.

음성 강의 / 원어민 발음

STEP 1
패턴 익히기

문장을 읽어 보며 패턴을 연습해 보세요.

I decided to
+
동사원형

○ **I decided to study abroad.**
나 유학하기로 결정했어.

○ **I decided to marry Jim.**
나 Jim이랑 결혼하기로 결정했어.

○ **I decided to sell my house.**
나 내 집을 팔기로 결정했어.

○ **I decided to change my major.**
나 내 전공을 바꾸기로 결정했어.

○ **I decided to adopt a dog.**
난 개를 입양하기로 결정했어.

패턴을 자유자재로 구사할 수 있도록 다양한 형태로 익혀 보세요.

○ **Did you decide to study abroad?**
너 유학하기로 결정했어?

○ **Did she decide to marry Jim?**
걔(그녀)는 Jim이랑 결혼하기로 결정했어?

○ **We decided to sell our house.**
우린 집을 팔기로 결정했어.

○ **Didn't he decide to change his major?**
걔(그)는 전공을 바꾸기로 결정하지 않았어?

○ **They decided to adopt a dog.**
걔네들은 개를 입양하기로 결정했어.

대화를 통해 패턴을 익혀 보세요.

A **I decided to quit smoking.**
나 담배 끊기로 결심했어.

B **Oh my god! You made such a big decision.**
세상에! 진짜 큰 결심했구나.

단어   study abroad 유학하다 │ marry ~와 결혼하다 │ sell 팔다 │
major 전공 │ adopt 입양하다

STEP 4
플러스 패턴

기본 패턴을 응용한 추가 패턴도 익혀 보세요.

 한 단계 up! 활용도 100% 플러스 패턴

I can't decide what to ~
난 무엇을 ~할지 결정 못 하겠어

무언가를 결정해야 하는데 결정을 내리기가 어려울 때 쓸 수 있는 패턴이에요. to 뒤에 무엇을 하는 게 결정을 내리기가 어려운지 그 내용을 넣어 말하면 돼요.

○ **I can't decide what to wear.**
난 무엇을 입을지 결정 못 하겠어.

○ **I can't decide what to order.**
난 무엇을 주문할지 결정 못 하겠어.

○ **I can't decide what to cook for my friends.**
난 친구들을 위해 무엇을 요리할지 결정 못 하겠어.

○ **I can't decide what to choose.**
난 무엇을 골라야 할지 결정 못 하겠어.

○ **I can't decide what to draw.**
난 무엇을 그려야 할지 결정 못 하겠어.

단어   wear 입다 | order 주문하다 | choose 고르다, 선택하다 | draw 그리다

다음 우리말을 주어진 Hint를 이용해 영어로 말해 보세요.

> **HINT** study abroad   marry Jim   sell my house
> change my major   adopt a dog   order   draw

❶ 나 유학하기로 결정했어.

❷ 걔(그녀)는 Jim이랑 결혼하기로 결정했어?

❸ 나 내 집을 팔기로 결정했어.

❹ 너 유학하기로 결정했어?

❺ 나 내 전공을 바꾸기로 결정했어.

❻ 난 무엇을 주문할지 결정 못 하겠어.

❼ 걔네들은 개를 입양하기로 결정했어.

❽ 나 Jim이랑 결혼하기로 결정했어.

❾ 난 무엇을 그려야 할지 결정 못 하겠어.

❿ 난 개를 입양하기로 결정했어.

정답 **❶** I decided to study abroad. **❷** Did she decide to marry Jim? **❸** I decided to sell my house. **❹** Did you decide to study abroad? **❺** I decided to change my major. **❻** I can't decide what to order. **❼** They decided to adopt a dog. **❽** I decided to marry Jim. **❾** I can't decide what to draw. **❿** I decided to adopt a dog.

상대방이 했던 말을 확인할 땐

You said ~ 너 ~라고 했잖아

You said 패턴을 이용해 상대방이 했던 말을 다시 한번 언급하며 사실을 확인하는 표현을 할 수 있어요. 상황에 따라 '네가 ~라고 했잖아'라고 상대방에게 따지는 뉘앙스로 사용할 수도 있어요. said 뒤에 상대방이 과거에 했던 말을 넣어 말해 보세요.

음성 강의 / 원어민 발음

STEP 1
패턴 익히기

문장을 읽어 보며 패턴을 연습해 보세요.

You said
+
문장

○ **You said you would come.**
너 올 거라고 했잖아.

○ **You said it was easy.**
너 그게 쉬웠다고 했잖아.

○ **You said you broke up with her.**
너 걔(그녀)랑 헤어졌다고 했잖아.

○ **You said it would rain heavily.**
네가 비가 많이 올 거라고 했잖아.

○ **You said you didn't mind.**
넌 상관없다고 했잖아.

패턴을 자유자재로 구사할 수 있도록 다양한 형태로 익혀 보세요.

○ **You didn't say you would come.**
너 올 거라고 안 했잖아.

○ **He said it was easy.**
걔(그)는 그게 쉬웠다고 했어.

○ **Did you say you broke up with her?**
너 걔(그녀)랑 헤어졌다고 했어?

○ **She didn't say it would rain heavily.**
걔(그녀)는 비가 많이 올 거라고 하지 않았어.

○ **Didn't you say you didn't mind?**
넌 상관없다고 하지 않았어?

대화를 통해 패턴을 익혀 보세요.

A **You said you knew the way!**
네가 길을 안다고 했잖아!

B **Did I? I feel like I'm a stranger here.**
내가? 나 여기 완전 처음인 거 같은데.

단어   rain heavily 비가 많이 오다 | a stranger 처음 온 사람

STEP 4
플러스 패턴

기본 패턴을 응용한 추가 패턴도 익혀 보세요.

 한 단계 up! 활용도 100% 플러스 패턴

Who said ~?
누가 ~라 그랬어?

단순히 누가 한 말인지 묻는 질문으로도 쓸 수 있지만 어떤 내용에 대해 반문하는 어투로 말할 때도 사용할 수 있는 패턴이에요.

○ **Who said that?**
누가 그런 소리를 했어?

○ **Who said I don't love you?**
누가 내가 널 사랑하지 않는다 그랬어?

○ **Who said we can't do it?**
누가 우린 할 수 없다고 그랬어?

○ **Who said it's unfair?**
누가 그게 불공평하다고 그랬어?

○ **Who said you can come in here?**
누가 너 여기 들어올 수 있다고 그랬어?

단어   unfair 불공평한

다음 우리말을 주어진 Hint를 이용해 영어로 말해 보세요.

> **HINT**
> you would come   it was easy   I don't love you
> you broke up with her   it would rain heavily
> you didn't mind   it's unfair

❶ 너 올 거라고 했잖아.

❷ 너 그게 쉬웠다고 했잖아.

❸ 넌 상관없다고 하지 않았어?

❹ 네가 비가 많이 올 거라고 했잖아.

❺ 너 걔(그녀)랑 헤어졌다고 했어?

❻ 너 올 거라고 안 했잖아.

❼ 누가 내가 널 사랑하지 않는다 그랬어?

❽ 너 걔(그녀)랑 헤어졌다고 했잖아.

❾ 누가 그게 불공평하다고 그랬어?

❿ 넌 상관없다고 했잖아.

정답 ❶ You said you would come. ❷ You said it was easy. ❸ Didn't you say you didn't mind? ❹ You said it would rain heavily. ❺ Did you say you broke up with her? ❻ You didn't say you would come. ❼ Who said I don't love you? ❽ You said you broke up with her. ❾ Who said it's unfair? ❿ You said you didn't mind.

무언가 깨달은 사실을 말할 땐

I realized ~ 난 ~라는 걸 깨달았어

I realized 패턴은 전에는 몰랐다가 알게 되거나 깨닫게 된 사실을 말할 때 사용할 수 있어요. realized 뒤에 새롭게 알게 된 사실이나 상황을 넣어 말해 보세요.

음성 강의 / 원어민 발음

STEP 1
패턴 익히기

문장을 읽어 보며 패턴을 연습해 보세요.

**I realized
+
명사/문장**

○ **I realized the importance of health.**
난 건강의 중요성을 깨달았어.

○ **I realized we were too late.**
난 우리가 너무 늦었다는 걸 알게 되었어.

○ **I realized something was wrong.**
난 무언가 잘못되었다는 걸 깨달았어.

○ **I realized they fooled everyone.**
난 그들이 모두를 속였다는 걸 깨달았어.

○ **I realized I was stupid.**
난 내가 어리석었다는 걸 알게 되었어.

패턴을 자유자재로 구사할 수 있도록 다양한 형태로 익혀 보세요.

○ **Did you realize the importance of health?**
넌 건강의 중요성을 깨달았니?

○ **I didn't realize we were too late.**
난 우리가 너무 늦었다는 걸 몰랐어.

○ **She realized something was wrong.**
걔(그녀)는 무언가 잘못되었다는 걸 깨달았어.

○ **We didn't realize they fooled everyone.**
우린 그들이 모두를 속였다는 걸 몰랐어.

○ **You'll realize you were stupid.**
넌 네가 어리석었다는 걸 깨달을 거야.

대화를 통해 패턴을 익혀 보세요.

A **Why did you break up with him?**
걔(그)랑 왜 헤어졌어?

B **Because I realized he didn't love me anymore.**
걔(그)가 날 더 이상 사랑하지 않는 걸 깨달았거든.

단어 importance 중요성 | health 건강 | fool 속이다 | stupid 어리석은

기본 패턴을 응용한 추가 패턴도 익혀 보세요.

 한 단계 up! 활용도 100% 플러스 패턴

I hope you realize ~
네가 ~를 깨달았으면 좋겠어

상대방이 깨닫지 못하고 있는 일을 알려주고 싶을 때 쓸 수 있는 패턴이에요. realize 뒤에 상대방이 알았으면 하고 바라는 내용을 넣어 말해 보세요.

○ **I hope you realize it is worthless.**
네가 그게 가치가 없다는 걸 깨달았으면 좋겠어.

○ **I hope you realize you mean a lot to me.**
네가 나에게 아주 소중하다는 걸 깨달았으면 좋겠어.

○ **I hope you realize this is a good chance.**
네가 이게 좋은 기회라는 걸 깨달았으면 좋겠어.

○ **I hope you realize they care about you.**
네가 그들이 널 신경 쓴다는 걸 깨달았으면 좋겠어.

○ **I hope you realize he still loves you.**
네가 걔(그)가 여전히 널 사랑한다는 걸 깨달았으면 좋겠어.

단어 worthless 가치 없는 | mean 의미하다 | care about ~를 신경 쓰다

패턴 바로 확인하기

다음 우리말을 주어진 Hint를 이용해 영어로 말해 보세요.

❶ 난 건강의 중요성을 깨달았어.

❷ 난 무언가 잘못되었다는 걸 깨달았어.

❸ 난 그들이 모두를 속였다는 걸 깨달았어.

❹ 난 내가 어리석었다는 걸 알게 되었어.

❺ 넌 건강의 중요성을 깨달았니?

❻ 난 우리가 너무 늦었다는 걸 몰랐어.

❼ 네가 이게 좋은 기회라는 걸 깨달았으면 좋겠어.

❽ 우린 그들이 모두를 속였다는 걸 몰랐어.

❾ 네가 그들이 널 신경 쓴다는 걸 깨달았으면 좋겠어.

❿ 난 우리가 너무 늦었다는 걸 알게 되었어.

정답 ❶ I realized the importance of health. ❷ I realized something was wrong. ❸ I realized they fooled everyone. ❹ I realized I was stupid. ❺ Did you realize the importance of health? ❻ I didn't realize we were too late. ❼ I hope you realize this is a good chance. ❽ We didn't realize they fooled everyone. ❾ I hope you realize they care about you. ❿ I realized we were too late.

MEMO

학습한 내용을 잊지 않도록!

하루 10문장
패턴 말하기 연습

문장 듣기

신분이나 상태를 말할 땐

I'm

난 ~야 / 난 ~해

I'm ~ 패턴 뒤에 다양한 **명사** 또는 **형용사**를 넣어 연습하세요.

❶ I'm a business person.
난 사업가야.

❷ I'm a senior.
난 졸업반이야.

❸ I'm a dog person.
난 개를 좋아해.

❹ I'm a stranger here.
난 이곳이 처음이야.

❺ I'm a mother/father of two children.
난 두 아이의 엄마/아빠야.

❻ I'm dizzy.
나 어지러워.

❼ I'm upset.
난 짜증 나.

❽ I'm fine.
난 괜찮아.

❾ I'm married.
난 결혼했어.

❿ I'm full.
난 배불러.

상황이나 상태를 말할 땐

I'm on

난 ~ 중이야

I'm on ~ 패턴 뒤에 다양한 **명사**를 넣어 연습하세요.

❶ **I'm on a break.**
난 휴식 중이야.

❷ **I'm on another line.**
난 다른 전화를 받고 있어.

❸ **I'm on holiday.**
난 휴가 중이야.

❹ **I'm on a date.**
난 데이트 중이야.

❺ **I'm on a trip.**
난 여행 중이야.

❻ **I'm on the job.**
난 그 일을 하는 중이야.

❼ **I'm on the computer.**
난 컴퓨터를 하는 중이야.

❽ **I'm on medication.**
난 약을 복용하는 중이야.

❾ **I'm on the day shift.**
난 주간 근무를 하는 중이야.

❿ **I'm on leave.**
난 휴가 중이야.

무언가 있다고 말할 땐

There is

~가 있어

There is ~ 패턴 뒤에 다양한 **명사**를 넣어 연습하세요.

❶ **There is** a parking lot.
주차장이 있어.

❷ **There is** a vending machine.
자판기가 있어.

❸ **There is** a good solution.
좋은 해결책이 있어.

❹ **There is** enough space.
충분한 공간이 있어.

❺ **There is** some bad news.
안 좋은 소식이 좀 있어.

❻ **There are** many choices.
많은 선택 사항이 있어.

❼ **There are** some good signs.
몇 가지 좋은 조짐이 있어.

❽ **There are** various ways.
다양한 방법들이 있어.

❾ **There are** other opinions.
다른 의견들이 있어.

❿ **There are** many places to visit.
가 볼 만한 장소가 많이 있어.

원하는 것을 말할 땐

I want

난 ~를 원해

I want ~ 패턴 뒤에 다양한 **명사**를 넣어 연습하세요.

❶ I want a glass of beer.
난 맥주 한 잔 마시고 싶어.

❷ I want something spicy.
난 매운 거 먹고 싶어.

❸ I want a new laptop.
난 새 노트북을 원해.

❹ I want a smaller size.
난 더 작은 사이즈를 원해.

❺ I want a cheeseburger.
난 치즈버거를 먹고 싶어.

❻ I want a new hairstyle.
난 새로운 헤어스타일을 원해.

❼ I want too many things.
난 너무 많은 걸 원해.

❽ I want an iced coffee.
난 아이스커피를 마시고 싶어.

❾ I want your answer.
난 너의 대답이 필요해.

❿ I want the position.
난 그 자리[직책]를 원해.

하고 싶은 일을 말할 땐

I want to

나 ~하고 싶어

I want to ~ 패턴 뒤에 다양한 **동사**를 넣어 연습하세요.

❶ **I want to be with you.**
난 너와 함께 있고 싶어.

❷ **I want to help you.**
난 너를 돕고 싶어.

❸ **I want to talk to him.**
난 그와 이야기하고 싶어.

❹ **I want to quit my job.**
난 일을 그만두고 싶어.

❺ **I want to say thank you.**
난 너한테 고맙다고 말하고 싶어.

❻ **I want to have fun.**
난 즐거운 시간을 보내고 싶어.

❼ **I want to take a nap.**
난 낮잠을 자고 싶어.

❽ **I want to know about it.**
난 그것에 대해 알고 싶어.

❾ **I want to ask you something.**
난 너에게 뭐 좀 물어보고 싶어.

❿ **I want to go to the bathroom.**
난 화장실에 가고 싶어.

상대방이 해줬으면 하는 일을 말할 땐

I want you to

네가 ~하면 좋겠어

I want you to ~ 패턴 뒤에 다양한 **동사**를 넣어 연습하세요.

❶ I want you to join us.
네가 우리와 함께 하면 좋겠어.

❷ I want you to be kind to them.
네가 걔네들에게 친절하면 좋겠어.

❸ I want you to trust me.
네가 나를 믿으면 좋겠어.

❹ I want you to focus.
네가 집중하면 좋겠어.

❺ I want you to be happy.
네가 행복하면 좋겠어.

❻ I want you to help me.
네가 나를 도와주면 좋겠어.

❼ I want you to get well.
네가 회복하면 좋겠어.

❽ I want you to say something.
네가 말 좀 하면 좋겠어.

❾ I want you to apologize.
네가 사과하면 좋겠어.

❿ I want you to change your mind.
네가 마음을 바꾸면 좋겠어.

기대하고 바라는 것을 말할 땐

I'm hoping for

난 ~를 바라고 있어

I'm hoping for ~ 패턴 뒤에 다양한 **명사**를 넣어 연습하세요.

❶ **I'm hoping for** your support.
난 너의 지원을 바라고 있어.

❷ **I'm hoping for** a better future.
난 더 나은 미래를 기대하고 있어.

❸ **I'm hoping for** peace.
난 평화를 바라고 있어.

❹ **I'm hoping for** our victory.
난 우리의 승리를 바라고 있어.

❺ **I'm hoping for** some changes.
난 약간의 변화를 기대하고 있어.

❻ **I'm hoping for** good news.
난 좋은 소식을 기대하고 있어.

❼ **I'm hoping for** his safe return.
난 그의 무사 귀환을 바라고 있어.

❽ **I'm hoping for** a happy ending.
난 행복한 결말을 바라고 있어.

❾ **I'm hoping for** her forgiveness.
난 걔(그녀)의 용서를 바라고 있어.

❿ **I'm hoping for** a reward.
난 보상을 기대하고 있어.

앞으로 하길 바라는 일을 말할 땐

I hope to

~하길 바라 / ~하면 좋겠어

I hope to ~ 패턴 뒤에 다양한 **동사**를 넣어 연습하세요.

❶ I hope to be a singer.
난 가수가 되고 싶어.

❷ I hope to hear from you.
난 네 소식을 듣길 바라.

❸ I hope to travel the world.
난 세계를 여행하면 좋겠어.

❹ I hope to move out next month.
다음 달에 이사 가면 좋겠어.

❺ I hope to get there on time.
거기 제시간에 도착하면 좋겠어.

❻ I hope to make many friends.
난 많은 친구들을 사귀고 싶어.

❼ I hope to have fun.
즐거운 시간을 보내면 좋겠어.

❽ I hope to get a better grade.
난 더 좋은 성적을 받으면 좋겠어.

❾ I hope to visit New York.
난 뉴욕에 방문하길 바라.

❿ I hope to take first place.
난 1위를 하면 좋겠어.

어떤 일이 일어나길 바랄 땐

I hope

난 ~이길 바라 / 난 ~면 좋겠어

I hope ~ 패턴 뒤에 다양한 문장을 넣어 연습하세요.

❶ I hope you can come over.
네가 올 수 있길 바라.

❷ I hope you can enjoy your stay.
네가 즐겁게 머물면 좋겠어.

❸ I hope we can keep in touch.
우리가 계속 연락할 수 있길 바라.

❹ I hope someone helps me.
누군가 나를 도와주면 좋겠어.

❺ I hope he doesn't take it seriously.
걔(그)가 심각하게 받아들이지 않으면 좋겠어.

❻ I hope it won't take too long.
너무 오래 걸리지 않으면 좋겠어.

❼ I hope you can find your bag.
네 가방을 찾을 수 있길 바라.

❽ I hope they will agree with me.
그들이 나와 의견이 같으면 좋겠어.

❾ I hope it will be fine tomorrow.
내일 날씨가 좋으면 좋겠어.

❿ I hope you can do better next time.
네가 다음 번엔 더 잘할 수 있길 바라.

말하기 패턴 10

무언가를 떠올려 보라고 말할 땐

Think of

~를 생각해 봐

Think of ~ 패턴 뒤에 다양한 **명사**를 넣어 연습하세요.

❶ Think of your parents.
너의 부모님을 생각해 봐.

❷ Think of the results.
결과를 생각해 봐.

❸ Think of your childhood.
너의 어린 시절을 생각해 봐.

❹ Think of the benefits.
혜택을 생각해 봐.

❺ Think of other people.
다른 사람들을 생각해 봐.

❻ Think of your co-workers.
너의 동료들을 생각해 봐.

❼ Think of the past.
과거를 생각해 봐.

❽ Think of your New Year's resolution.
너의 새해 결심을 생각해 봐.

❾ Think of different ways.
다른 방법들을 생각해 봐.

❿ Think of a better idea.
더 좋은 방안을 생각해 봐.

하려고 하는 일을 말할 땐

I'm thinking about

난 ~할까 생각 중이야

I'm thinking about ~ 패턴 뒤에 다양한 **동사ing**를 넣어 연습하세요.

❶ I'm thinking about taking a trip.
난 여행을 갈까 생각 중이야.

❷ I'm thinking about starting a business.
난 사업을 시작할까 생각 중이야.

❸ I'm thinking about proposing to him.
난 그에게 청혼할까 생각 중이야.

❹ I'm thinking about skipping dinner.
난 저녁을 거를까 생각 중이야.

❺ I'm thinking about breaking up with him.
난 걔(그)와 헤어질까 생각 중이야.

❻ I'm thinking about hiring someone.
난 누군가를 고용할까 생각 중이야.

❼ I'm thinking about retiring.
난 은퇴할까 생각 중이야.

❽ I'm thinking about going on a diet.
난 다이어트를 할까 생각 중이야.

❾ I'm thinking about investing in stocks.
난 주식에 투자할까 생각 중이야.

❿ I'm thinking about getting a haircut.
난 머리를 자를까 생각 중이야.

생각과 의견을 전할 땐

I think

난 ~라고 생각해 / 난 ~인 것 같아

I think ~ 패턴 뒤에 다양한 **문장**을 넣어 연습하세요.

❶ I think they wasted time.
난 걔네들이 시간을 낭비한 거 같아.

❷ I think you're so mean.
난 네가 정말 못됐다고 생각해.

❸ I think I can't make it.
난 못 갈 거 같아.

❹ I think she is in trouble.
난 걔(그녀)한테 문제가 생긴 거 같아.

❺ I think we should talk.
난 우리가 대화를 해야 한다고 생각해.

❻ I think I'm drunk.
나 취한 거 같아.

❼ I think he is a nice guy.
난 그분(그)은 좋은 사람인 거 같아.

❽ I think I can handle it.
내가 처리할 수 있을 거 같아.

❾ I think I left my wallet at home.
나 집에 지갑을 두고 온 거 같아.

❿ I think nobody likes it.
난 아무도 그걸 좋아하지 않는다고 생각해.

알고 있는 걸 말할 땐

I know

나 ~ 알아 / 난 ~을 알고 있어

I know ~ 패턴 뒤에 다양한 **명사** 또는 **문장**을 넣어 연습하세요.

❶ **I know** his address.
난 걔(그)의 주소를 알아.

❷ **I know** the right person.
난 적임자를 알고 있어.

❸ **I know** the password.
나 비밀번호 알아.

❹ **I know** your problem.
난 너의 문제를 알고 있어.

❺ **I know** a good restaurant around here.
나 이 근처에 괜찮은 식당 알아.

❻ **I know** I was wrong.
난 내가 틀렸다는 거 알아.

❼ **I know** it didn't work out.
난 일이 잘 풀리지 않았다는 걸 알아.

❽ **I know** it's too late.
난 너무 늦은 걸 알아.

❾ **I know** everything is fine.
난 모든 게 괜찮다는 걸 알고 있어.

❿ **I know** it sounds crazy.
난 그게 말도 안 되는 소리 같다는 거 알아.

할 줄 아는 일을 말할 땐

I know how to

나 ~할 줄 알아

I know how to ~ 패턴 뒤에 다양한 **동사**를 넣어 연습하세요.

❶ **I know how to iron a shirt.**
나 셔츠를 다릴 줄 알아.

❷ **I know how to play the piano.**
나 피아노를 칠 줄 알아.

❸ **I know how to use this program.**
나 이 프로그램을 사용할 줄 알아.

❹ **I know how to surf.**
나 서핑을 할 줄 알아.

❺ **I know how to protect myself.**
난 내 자신을 보호할 줄 알아.

❻ **I know how to make good pasta.**
나 파스타를 잘 만들 줄 알아.

❼ **I know how to edit photos.**
나 사진을 보정할 줄 알아.

❽ **I know how to speak foreign languages.**
나 외국어를 할 줄 알아.

❾ **I know how to handle this problem.**
난 이 문제를 처리하는 방법을 알아.

❿ **I know how to change a tire.**
나 타이어를 교체할 줄 알아.

확신이 없거나 잘 모르는 일을 말할 땐

I don't know if

난 ~인지 모르겠어

I don't know if ~ 패턴 뒤에 다양한 **문장**을 넣어 연습하세요.

❶ I don't know if I have another choice.
난 다른 선택이 있는지 모르겠어.

❷ I don't know if they will trust me.
난 그들이 나를 믿을지 모르겠어.

❸ I don't know if it is worth it.
난 그럴 가치가 있는지 모르겠어.

❹ I don't know if it is possible.
난 그게 가능한지 모르겠어.

❺ I don't know if she remembers me.
난 그녀가 나를 기억하는지 모르겠어.

❻ I don't know if I really want this.
난 내가 이걸 정말 원하는지 모르겠어.

❼ I don't know if I can live without you.
난 너 없이 살 수 있는지 모르겠어.

❽ I don't know if that's a great idea.
난 그게 좋은 생각인지 모르겠어.

❾ I don't know if it will rain tomorrow.
난 내일 비가 올지 모르겠어.

❿ I don't know if she works here.
난 걔(그녀)가 여기서 일하는지 모르겠어.

어떤 일의 이유를 말할 땐

I know why

난 ~인 이유를 알아

I know why ~ 패턴 뒤에 다양한 **문장**을 넣어 연습하세요.

❶ I know why they argued.
난 걔네가 말다툼한 이유를 알아.

❷ I know why he hates Amy.
난 걔(그)가 Amy를 싫어하는 이유를 알아.

❸ I know why he is crying.
난 걔(그)가 울고 있는 이유를 알아.

❹ I know why she behaved like that.
난 걔(그녀)가 그렇게 행동한 이유를 알아.

❺ I know why they came back.
난 그들이 돌아온 이유를 알아.

❻ I know why they stayed up all night.
난 걔네들이 밤을 샌 이유를 알아.

❼ I know why she did such a thing.
난 걔(그녀)가 그런 일을 한 이유를 알아.

❽ I know why she works hard.
난 걔(그녀)가 열심히 일하는 이유를 알아.

❾ I know why the Internet connection is slow.
난 인터넷 연결이 느린 이유를 알아.

❿ I know why the movie is so popular.
난 그 영화가 매우 인기 있는 이유를 알아.

좋아하는 걸 말할 땐

I like

난 ~가 좋아 / 난 ~가 마음에 들어

I like ~ 패턴 뒤에 다양한 **명사**를 넣어 연습하세요.

❶ **I like** classical music.
난 클래식 음악을 좋아해.

❷ **I like** her works.
난 그분(그녀)의 작품이 마음에 들어.

❸ **I like** sweets.
난 단 것을 좋아해.

❹ **I like** noodles.
난 면류를 좋아해.

❺ **I like** rainy days.
난 비 오는 날을 좋아해.

❻ **I like** her attitude.
난 걔(그녀)의 태도가 마음에 들어.

❼ **I like** all kind of foods.
난 모든 종류의 음식을 좋아해.

❽ **I like** strong coffee.
난 진한 커피를 좋아해.

❾ **I like** outdoor activities.
난 야외 활동을 좋아해.

❿ **I like** mystery novels.
난 추리 소설을 좋아해.

좋아하는 일을 말할 땐

I like to

난 ~하는 거 좋아해

I like to ~ 패턴 뒤에 다양한 **동사**를 넣어 연습하세요.

❶ I like to exercise.
난 운동하는 걸 좋아해.

❷ I like to go to the movies.
난 영화를 보러 가는 거 좋아해.

❸ I like to take a walk.
난 산책하는 거 좋아해.

❹ I like to go shopping.
난 쇼핑하는 거 좋아해.

❺ I like to learn something new.
난 새로운 것을 배우는 걸 좋아해.

❻ I like to play online games.
난 온라인 게임을 하는 걸 좋아해.

❼ I like to wear a shirt.
난 셔츠를 입는 걸 좋아해.

❽ I like to be with my family.
난 가족과 함께 있는 걸 좋아해.

❾ I like to invite my friends.
난 친구들을 초대하는 걸 좋아해.

❿ I like to get up early in the morning.
난 아침 일찍 일어나는 걸 좋아해.

원하는 걸 정중하게 요청할 땐

I'd like

~로 주세요 / ~로 하고 싶어요

I'd like ~ 패턴 뒤에 다양한 **명사**를 넣어 연습하세요.

❶ **I'd like** a trim.
머리를 다듬어 주세요.

❷ **I'd like** a single room.
1인용 객실로 주세요.

❸ **I'd like** a receipt.
영수증 주세요.

❹ **I'd like** an iced latte.
아이스라테 한 잔 주세요.

❺ **I'd like** a full refund.
전액 환불을 받고 싶어요.

❻ **I'd like** a wake-up call.
모닝콜 부탁드려요.

❼ **I'd like** a table by the window.
창가 쪽 자리로 주세요.

❽ **I'd like** a curly perm.
굵은 웨이브 파마로 해주세요.

❾ **I'd like** extra cheese.
치즈 추가해 주세요.

❿ **I'd like** a piece of cake.
케이크 한 조각 주세요.

말하기 패턴 20

원하는 일을 정중하게 말할 땐

I'd like to

~하고 싶어요

I'd like to ~ 패턴 뒤에 다양한 **동사**를 넣어 연습하세요.

❶ I'd like to cancel my order.
주문을 취소하고 싶어요.

❷ I'd like to rent a car.
차를 빌리고 싶어요.

❸ I'd like to check out now.
지금 체크아웃하고 싶어요.

❹ I'd like to dye my hair brown.
머리를 갈색으로 염색하고 싶어요.

❺ I'd like to ask you for a date.
데이트를 신청하고 싶어요.

❻ I'd like to try on this jacket.
이 재킷을 입어 보고 싶어요.

❼ I'd like to make a reservation.
예약을 하고 싶어요.

❽ I'd like to treat you to dinner.
저녁을 대접하고 싶어요.

❾ I'd like to speak to Anna.
Anna와 통화하고 싶어요.

❿ I'd like to get a regular checkup.
정기검진을 받고 싶어요.

꼭 필요한 걸 말할 때

I need

난 ~가 필요해

I need ~ 패턴 뒤에 다양한 **명사**를 넣어 연습하세요.

❶ **I need** more towels.
전 수건이 더 필요해요.

❷ **I need** a smaller size.
전 더 작은 치수가 필요해요.

❸ **I need** a quiet place.
난 조용한 곳이 필요해.

❹ **I need** a new toothbrush.
난 새 칫솔이 필요해.

❺ **I need** some fresh air.
난 신선한 공기가 좀 필요해.

❻ **I need** a break.
난 휴식이 필요해.

❼ **I need** a piece of paper.
난 종이 한 장이 필요해.

❽ **I need** more practice.
난 연습이 더 필요해.

❾ **I need** your advice.
난 너의 조언이 필요해.

❿ **I need** spare batteries.
난 여분의 배터리가 필요해.

말하기 패턴 22

꼭 해야 하는 일을 말할 땐

I need to

난 ~해야 해

I need to ~ 패턴 뒤에 다양한 **동사**를 넣어 연습하세요.

❶ I need to do grocery shopping.
난 장을 봐야 해.

❷ I need to go to the bathroom.
난 화장실에 가야 해.

❸ I need to take medicine.
난 약을 먹어야 해.

❹ I need to get some sleep.
난 잠을 좀 자야 해.

❺ I need to cancel my reservation.
난 예약을 취소해야 돼.

❻ I need to focus on my work.
난 일에 집중해야 돼.

❼ I need to call him.
난 걔(그)한테 전화해야 해.

❽ I need to lose some weight.
난 살을 좀 빼야 돼.

❾ I need to attend the meeting.
난 회의에 참석해야 돼.

❿ I need to save money.
난 돈을 모아야 해.

상대방이 해 줬으면 하는 일을 말할 땐

I need you to

~해 줘야 해

I need you to ~ 패턴 뒤에 다양한 **동사**를 넣어 연습하세요.

❶ I need you to pick one.
하나를 골라 줘야 해.

❷ I need you to take off your shoes.
신발을 벗어 줘.

❸ I need you to give me a ride.
나를 태워 줘야 해.

❹ I need you to stay with me.
나와 함께 있어 줘야 해.

❺ I need you to be honest with me.
나에게 솔직해야 해.

❻ I need you to be quiet.
조용히 해 줘.

❼ I need you to call him.
걔(그)한테 전화해 줘.

❽ I need you to back off.
물러서 줘.

❾ I need you to say sorry to him.
걔(그)한테 사과해야 해.

❿ I need you to help me with this.
내가 이거 하는 걸 도와줘야 해.

상대방에게 한번 해 보라고 말할 땐

Try

~ 한번 해 봐

Try ~ 패턴 뒤에 다양한 **명사** 또는 **동사-ing**를 넣어 연습하세요.

❶ Try a bite of this.
이거 한 입 먹어 봐.

❷ Try another credit card.
다른 신용 카드를 써 봐.

❸ Try this new recipe.
이 새로운 조리법을 시도해 봐.

❹ Try these hand-made chocolates.
이 수제 초콜릿 먹어 봐.

❺ Try something different.
뭔가 다른 것을 해 봐.

❻ Try contacting her.
걔(그녀)한테 연락해 봐.

❼ Try applying for the job.
그 일에 지원해 봐.

❽ Try cutting down on salt.
소금 섭취를 줄여 봐.

❾ Try giving out a free sample.
무료 샘플을 나눠줘 봐.

❿ Try rebooting your computer.
너의 컴퓨터를 리부팅해 봐.

어떤 일을 노력하고 있다고 말할 땐

I'm trying to

난 ~하려고 하고 있어

I'm trying to ~ 패턴 뒤에 다양한 **동사**를 넣어 연습하세요.

❶ **I'm trying to** go to bed early.
난 일찍 잠자리에 들려는 중이야.

❷ **I'm trying to** exercise every day.
난 매일 운동하려 하고 있어.

❸ **I'm trying to** forget about it.
난 그 일에 대해 잊으려 하고 있어.

❹ **I'm trying to** understand them.
난 그들을 이해하려고 하고 있어.

❺ **I'm trying to** break the habit.
난 그 버릇을 고치려는 중이야.

❻ **I'm trying to** keep calm.
난 침착하려 하고 있어.

❼ **I'm trying to** find the book.
난 그 책을 찾으려고 하고 있어.

❽ **I'm trying to** persuade them.
난 그들을 설득하려 하고 있어.

❾ **I'm trying to** eat healthier foods.
난 더 건강한 음식을 먹으려 하고 있어.

❿ **I'm trying to** look on the bright side.
난 밝은 면을 보려는 중이야. / 난 긍정적으로 보려 하고 있어.

어디에 가고 있는지 말할 땐

I'm going to

난 ~에 가는 길이야 / 난 ~하러 가는 길이야

I'm going to ~ 패턴 뒤에 다양한 **명사** 또는 **동사**를 넣어 연습하세요.

❶ I'm going to the dentist.
난 치과에 가는 길이야.

❷ I'm going to the hair salon.
난 미용실에 가는 길이야.

❸ I'm going to the cafeteria.
난 구내식당에 가는 길이야.

❹ I'm going to the hospital.
난 병원에 가는 길이야.

❺ I'm going to the shopping mall.
난 쇼핑몰에 가는 길이야.

❻ I'm going to pick him up.
난 걔(그)를 데리러 가는 길이야.

❼ I'm going to grab a bite.
난 간단히 뭐 좀 먹으러 가는 길이야.

❽ I'm going to have a job interview.
난 면접을 보러 가는 길이야.

❾ I'm going to see a movie.
난 영화를 보러 가는 길이야.

❿ I'm going to walk my dog.
난 개를 산책시키러 가는 길이야.

야외 활동을 하러 간다고 말할 때

I'll go

난 ~하러 갈 거야

I'll go ~ 패턴 뒤에 다양한 **동사ing**를 넣어 연습하세요.

❶ I'll go climbing.
난 등산하러 갈 거야.

❷ I'll go fishing.
난 낚시하러 갈 거야.

❸ I'll go grocery shopping.
난 장 보러 갈 거야.

❹ I'll go boating.
난 배 타러 갈 거야.

❺ I'll go skating.
난 스케이트 타러 갈 거야.

❻ I'll go skiing.
난 스키 타러 갈 거야.

❼ I'll go sightseeing.
난 관광하러 갈 거야.

❽ I'll go snowboarding.
난 스노우보드 타러 갈 거야.

❾ I'll go golfing.
난 골프 치러 갈 거야.

❿ I'll go running.
난 달리기하러 갈 거야.

가서 무언가 가져온다고 말할 땐

I'll go get [   ]

가서 ~ 가져올게 / 가서 ~ 데려올게

I'll go get ~ 패턴 뒤에 다양한 **명사**를 넣어 연습하세요.

❶ **I'll go get** a cup of coffee.
가서 커피 한 잔 가져올게.

❷ **I'll go get** a doctor.
가서 의사를 데려올게.

❸ **I'll go get** the ointment.
가서 연고 가져올게.

❹ **I'll go get** my kids.
가서 우리 아이들 데려올게.

❺ **I'll go get** extra boxes.
가서 여분의 상자 가져올게.

❻ **I'll go get** a plastic bag.
가서 비닐 봉투 가져올게.

❼ **I'll go get** my bag.
가서 내 가방 가져올게.

❽ **I'll go get** someone to help us.
가서 우릴 도와줄 사람 데려올게.

❾ **I'll go get** a stroller.
가서 유모차 가져올게.

❿ **I'll go get** a security guard.
가서 보안 요원 데려올게.

상대방의 상태를 말할 땐

You look

너 ~해 보여 / 너 ~한 거 같아

You look ~ 패턴 뒤에 다양한 **형용사**를 넣어 연습하세요.

❶ You look great.
너 멋져 보여.

❷ You look nervous.
너 긴장돼 보여.

❸ You look familiar.
너 낯이 익어 보여.

❹ You look awesome.
너 근사해 보여.

❺ You look different.
너 달라 보여.

❻ You look depressed.
너 우울해 보여.

❼ You look excited.
너 신나 보여.

❽ You look upset.
너 화가 나 보여.

❾ You look scared.
너 겁에 질려 보여.

❿ You look serious.
너 심각해 보여.

상대방이 어떻게 보이는지 말할 땐

You look like

너 ~처럼 보여

You look like ~ 패턴 뒤에 다양한 **명사** 또는 **문장**을 넣어 연습하세요.

❶ **You look like an angel.**
너 천사 같아 보여.

❷ **You look like a teenager.**
넌 10대처럼 보여.

❸ **You look like someone I know.**
넌 내가 아는 사람처럼 보여.

❹ **You look like a movie star.**
넌 영화배우처럼 보여.

❺ **You look like your mother.**
넌 너희 어머니처럼 보여.

❻ **You look like you're worried about her.**
너 걔(그녀)를 걱정하는 거 같아.

❼ **You look like you didn't sleep well.**
너 잠을 잘 못 잔 거 같아.

❽ **You look like you have a problem.**
너 문제가 있는 거 같아 보여.

❾ **You look like you're having fun.**
넌 즐거운 시간을 보내고 있는 것 같아.

❿ **You look like you're in love.**
넌 사랑에 빠진 거 같아.

무엇을 찾고 있는지 말할 땐

I'm looking for

난 ~를 찾고 있어

I'm looking for ~ 패턴 뒤에 다양한 **명사**를 넣어 연습하세요.

❶ **I'm looking for** a parking space.
난 주차 공간을 찾고 있어.

❷ **I'm looking for** a bus stop around here.
전 이 근처의 버스 정류장을 찾고 있어요.

❸ **I'm looking for** another job.
난 다른 일을 찾고 있어.

❹ **I'm looking for** an empty seat.
전 빈자리를 찾고 있어요.

❺ **I'm looking for** a long-sleeved shirt.
전 긴 소매 셔츠를 찾고 있어요.

❻ **I'm looking for** a furnished apartment.
전 가구가 갖춰진 아파트를 찾고 있어요.

❼ **I'm looking for** a moisturizer.
전 수분 크림을 찾고 있어요.

❽ **I'm looking for** a book titled "Her."
전 "Her"라는 제목의 책을 찾고 있어요.

❾ **I'm looking for** volunteers.
전 자원봉사자들을 찾는 중이에요.

❿ **I'm looking for** something to eat.
난 먹을 걸 찾고 있어.

상태나 기분을 말할 땐

I feel

난 ~하게 느껴져

I feel ~ 패턴 뒤에 다양한 **형용사**를 넣어 연습하세요.

❶ **I feel** terrible.
    난 (기분이) 안 좋아.

❷ **I feel** silly.
    난 바보 같이 느껴져.

❸ **I feel** proud.
    난 자랑스럽게 느껴져.

❹ **I feel** scared.
    난 무섭게 느껴져.

❺ **I feel** comfortable.
    난 편안하게 느껴져.

❻ **I feel** exhausted.
    난 완전히 지쳐.

❼ **I feel** hungry.
    난 배고파.

❽ **I feel** bored.
    난 지루하게 느껴져.

❾ **I feel** strange.
    난 이상하게 느껴져.

❿ **I feel** better.
    난 (기분이) 더 좋아졌어.

무언가 하고 싶은 기분이 든다고 말할 땐

I feel like

난 ~하고 싶어

I feel like ~ 패턴 뒤에 다양한 **동사ing**를 넣어 연습하세요.

❶ I feel like eating something spicy.
  난 매운 거 먹고 싶어.

❷ I feel like living by myself.
  난 혼자 살고 싶어.

❸ I feel like giving up.
  난 포기하고 싶어.

❹ I feel like going for a drive.
  난 드라이브하러 가고 싶어.

❺ I feel like having a cup of coffee.
  난 커피 한 잔 마시고 싶어.

❻ I feel like changing my hairstyle.
  난 헤어스타일 바꾸고 싶어.

❼ I feel like going shopping.
  난 쇼핑하러 가고 싶어.

❽ I feel like staying at home tonight.
  난 오늘 밤 집에 있고 싶어.

❾ I feel like ordering pizza.
  난 피자를 주문하고 싶어.

❿ I feel like taking a walk.
  난 산책하고 싶어.

상대방의 상태가 어떤지 말할 땐

You sound

너 ~하게 들려 / 너 ~한 것 같아

You sound ~ 패턴 뒤에 다양한 **형용사**를 넣어 연습하세요.

❶ You sound pretty sure.
넌 꽤 확신하는 거 같아.

❷ You sound angry.
넌 화가 난 거 같아.

❸ You sound depressed.
너 우울한 거 같아.

❹ You sound sleepy.
너 졸린 거 같아.

❺ You sound annoyed.
넌 짜증이 난 거 같아.

❻ You sound pathetic.
너 한심하게 들려.

❼ You sound strange.
너 낯설게 들려.

❽ You sound worried.
넌 걱정하는 거 같아.

❾ You sound confident.
너 자신이 있는 거 같아.

❿ You sound jealous.
너 질투하는 거 같이 들려.

상대방의 상태에 대한 의견과 추측을 말할 땐

You sound like

너 ~인 거 같아

You sound like ~ 패턴 뒤에 다양한 **명사** 또는 **문장**을 넣어 연습하세요.

❶ **You sound like** a chef.
너 요리사 같아.

❷ **You sound like** my mother.
너 우리 엄마 같아.

❸ **You sound like** a genius.
너 천재 같아.

❹ **You sound like** a high school student.
넌 고등학생 같아.

❺ **You sound like** you're scared.
너 겁먹은 거 같아.

❻ **You sound like** you know everything.
넌 모든 걸 알고 있는 거 같아.

❼ **You sound like** you respect him.
넌 그분(그)을 존경하는 거 같아.

❽ **You sound like** you don't believe her.
넌 걔(그녀)를 믿지 않는 거 같아.

❾ **You sound like** you need some rest.
넌 휴식이 필요한 거 같아.

❿ **You sound like** you don't like him.
넌 걔(그)를 좋아하지 않는 거 같아.

무언가를 요청할 땐

Can I ask for ?

~를 요청할 수 있을까요?

Can I ask for ~ 패턴 뒤에 다양한 **명사**를 넣어 연습하세요.

❶ **Can I ask for your help?**
도움 좀 요청할 수 있을까요?

❷ **Can I ask for his number?**
그분(그)의 전화번호 좀 요청해도 될까요?

❸ **Can I ask for your advice?**
당신의 조언을 요청할 수 있을까요?

❹ **Can I ask for the receipt?**
영수증 좀 갖다주시겠어요?

❺ **Can I ask for a refill?**
리필 좀 해 주시겠어요?

❻ **Can I ask for a drink?**
술 한 잔 더 요청할 수 있을까요?

❼ **Can I ask for the menu?**
메뉴 좀 갖다 주시겠어요?

❽ **Can I ask for a day off?**
하루의 휴가를 요청할수 있을까요?

❾ **Can I ask for more details?**
더 자세한 정보를 요청해도 될까요?

❿ **Can I ask for directions?**
길 안내 좀 요청드려도 될까요?

상대방에게 무언가 해달라고 부탁할 땐

Can I ask you to ?

~해 줄 수 있어?

Can I ask you to ~ 패턴 뒤에 다양한 **동사**를 넣어 연습하세요.

❶ **Can I ask you to take me to the hospital?**
나 병원에 데려가 줄 수 있어?

❷ **Can I ask you to give me a discount?**
할인을 해 주실 수 있나요?

❸ **Can I ask you to pick me up?**
나를 데리러 와 줄 수 있어?

❹ **Can I ask you to call me back?**
나한테 다시 전화해 줄 수 있어?

❺ **Can I ask you to put off the meeting?**
회의를 미뤄 줄 수 있어?

❻ **Can I ask you to do me a favor?**
내 부탁을 들어 줄 수 있어?

❼ **Can I ask you to wait for me?**
나를 기다려 줄 수 있어?

❽ **Can I ask you to step back a little?**
뒤로 좀 물러나 주실래요?

❾ **Can I ask you to introduce yourself?**
자신을 소개해 주실 수 있나요?

❿ **Can I ask you to show me the way?**
저 길 좀 알려주시겠어요?

어떤 일을 확인해 보겠다고 할 때

I'll ask if

~인지 물어볼게

I'll ask if ~ 패턴 뒤에 다양한 **문장**을 넣어 연습하세요.

❶ **I'll ask if** they are interested.
그들이 관심이 있는지 물어볼게.

❷ **I'll ask if** we can move up the date.
날짜를 앞당길 수 있는지 물어볼게.

❸ **I'll ask if** I can exchange this.
이걸 교환할 수 있는지 물어볼게.

❹ **I'll ask if** he agrees with us.
그가 우리 말에 동의하는지 물어볼게.

❺ **I'll ask if** she is free tonight.
그녀가 오늘 밤 시간이 있는지 물어볼게.

❻ **I'll ask if** they offer a discount.
할인을 해 주는지 물어볼게.

❼ **I'll ask if** we need a reservation.
예약이 필요한지 물어볼게.

❽ **I'll ask if** admission is free.
입장료가 무료인지 물어볼게.

❾ **I'll ask if** we can go inside.
우리가 안에 들어갈 수 있는지 물어볼게.

❿ **I'll ask if** they have a room available.
이용 가능한 방이 있는지 물어볼게.

상대방에게 무언가에 대해 말해 달라고 할 땐

Tell me about

~에 대해 말해줘

Tell me about ~ 패턴 뒤에 다양한 **명사**를 넣어 연습하세요.

❶ Tell me about the process.
그 절차에 대해 말해줘.

❷ Tell me about your business.
너의 사업에 대해 말해줘.

❸ Tell me about your new boyfriend.
네 새 남자 친구에 대해 말해줘.

❹ Tell me about the problem.
그 문제에 대해 말해줘.

❺ Tell me about the accident.
그 사고에 대해 말해줘.

❻ Tell me about the policy.
그 정책에 대해 말해줘.

❼ Tell me about your school days.
학창 시절에 대해 말해줘.

❽ Tell me about your work experience.
당신의 직무 경험에 대해 말해주세요.

❾ Tell me about your company.
너의 회사에 대해 말해줘.

❿ Tell me about your weaknesses.
자신의 단점에 대해 말해주세요.

상대방이 내 말을 듣지 않은 걸 지적할 땐

I told you to

내가 ~하라고 했잖아

I told you to ~ 패턴 뒤에 다양한 **동사**를 넣어 연습하세요.

❶ I told you to clean up.
내가 청소하라고 했잖아.

❷ I told you to wait outside.
내가 밖에서 기다리라고 했잖아.

❸ I told you to throw it out.
내가 그거 버리라고 했잖아.

❹ I told you to hurry up.
내가 서두르라고 했잖아.

❺ I told you to pull over.
내가 차를 세우라고 했잖아.

❻ I told you to leave it on the table.
내가 그거 탁자 위에 두라고 했잖아.

❼ I told you to mind your business.
내가 네 일에 신경 쓰라고 했잖아.

❽ I told you to get out of my room.
내가 내 방에서 나가라고 했잖아.

❾ I told you to put that away.
내가 그거 치우라고 했잖아.

❿ I told you to hold on tight.
내가 꽉 잡으라고 했잖아.

내가 누군가에게 들은 말을 전할 땐

He told me

걔(그)는 나한테 ~라고 했어

He told me ~ 패턴 뒤에 다양한 **문장**을 넣어 연습하세요.

❶ He told me the movie is a hit.
걔(그)는 나한테 그 영화가 히트라고 했어.

❷ He told me it is on sale.
걔(그)는 나한테 그게 할인 중이라고 했어.

❸ He told me they understood.
걔(그)는 나한테 그들이 이해했다고 했어.

❹ He told me she brought this.
걔(그)는 나한테 그녀가 이걸 가져왔다고 했어.

❺ He told me he was born in Seoul.
걔(그)는 나한테 그가 서울에서 태어났다고 했어.

❻ He told me something happened.
걔(그)는 나한테 무슨 일이 생겼다고 했어.

❼ He told me it would rain.
걔(그)는 나한테 비가 올 거라고 했어.

❽ He told me today is your birthday.
걔(그)는 나한테 오늘이 네 생일이라고 했어.

❾ He told me Jenny broke up with Mark.
걔(그)는 나한테 Jenny가 Mark와 헤어졌다고 했어.

❿ He told me no one came.
걔(그)는 나한테 아무도 오지 않았고 했어.

상대방의 정확한 의도를 확인할 땐

Do you mean ?

~라는 거야?

Do you mean ~? 패턴 뒤에 다양한 문장을 넣어 연습하세요.

❶ Do you mean you've lost your money?
네 돈을 잃어버렸다는 거야?

❷ Do you mean you want to try again?
다시 시도해 보고 싶다는 거야?

❸ Do you mean you're not ready yet?
넌 아직 준비가 안 됐다는 거야?

❹ Do you mean he is lying to us?
걔(그)가 우리에게 거짓말을 하고 있다는 거야?

❺ Do you mean they don't accept credit cards?
그 사람들이 신용 카드를 받지 않는다는 거야?

❻ Do you mean you don't know me?
넌 나를 모른다는 거야?

❼ Do you mean you got fired?
너 해고당했다는 거야?

❽ Do you mean she had an accident?
걔(그녀)가 교통 사고를 당했다는 거야?

❾ Do you mean you can't trust him?
넌 걔(그)를 믿을 수 없다는 거야?

❿ Do you mean you have seen her?
넌 걔(그녀)를 본 적이 있다는 거야?

어떤 행동에 대한 오해를 풀 땐

I didn't mean to

난 ~하려던 게 아니었어

I didn't mean to ~ 패턴 뒤에 다양한 **동사**를 넣어 연습하세요.

❶ **I didn't mean to be rude.**
난 무례하게 굴려는 게 아니었어.

❷ **I didn't mean to yell at you.**
난 너에게 소리지르려던 게 아니었어.

❸ **I didn't mean to upset you.**
난 너를 화나게 하려는 게 아니었어.

❹ **I didn't mean to wake you up.**
난 너를 깨우려던 게 아니었어.

❺ **I didn't mean to embarrass you.**
난 너를 난처하게 하려던 게 아니었어.

❻ **I didn't mean to break my promise.**
난 내 약속을 어기려던 게 아니었어.

❼ **I didn't mean to tell him.**
난 그에게 말하려던 게 아니었어.

❽ **I didn't mean to laugh at her.**
난 걔(그녀)를 비웃으려던 게 아니었어.

❾ **I didn't mean to let you down.**
난 너를 실망시키려던 게 아니었어.

❿ **I didn't mean to make you cry.**
난 너를 울게 하려던 게 아니었어.

어떤 것의 존재나 가치를 믿는다고 말할 때

I believe in

난 ~를 믿어 / 난 ~가 좋다고 믿어

I believe in ~ 패턴 뒤에 다양한 **명사** 또는 **동사ing**를 넣어 연습하세요.

❶ **I believe in ghosts.**
난 귀신이 있다고 믿어.

❷ **I believe in Santa Claus.**
난 산타클로스가 있다고 믿어.

❸ **I believe in luck.**
난 행운을 믿어.

❹ **I believe in aliens.**
난 외계인의 존재를 믿어.

❺ **I believe in miracles.**
난 기적을 믿어.

❻ **I believe in early English education.**
난 언어 조기 교육이 좋다고 믿어.

❼ **I believe in walking every day.**
난 매일 걷는 것이 좋다고 믿어.

❽ **I believe in taking a risk.**
난 위험을 감수하는 것이 좋다고 믿어.

❾ **I believe in learning foreign languages.**
난 외국어를 배우는 것이 좋다고 믿어.

❿ **I believe in marriage.**
난 결혼이 좋다고 믿어.

사실이라고 믿는 걸 말할 땐

I believe
난 ~라고 믿어 / 난 ~라고 생각해

I believe ~ 패턴 뒤에 다양한 **명사** 또는 **문장**을 넣어 연습하세요.

❶ **I believe** the rumor.
난 그 소문을 믿어.

❷ **I believe** the story.
난 그 이야기를 믿어.

❸ **I believe** I can make it.
난 해낼 수 있다고 믿어.

❹ **I believe** she will succeed.
난 걔(그녀)가 성공할 거라고 믿어.

❺ **I believe** everything is possible.
난 모든 것이 가능하다고 믿어.

❻ **I believe** there is something wrong.
난 잘못된 게 있다고 믿어.

❼ **I believe** you got a good deal.
난 네가 저렴하게 잘 샀다고 생각해.

❽ **I believe** this is too expensive.
난 이게 너무 비싸다고 생각해.

❾ **I believe** my dream will come true.
난 내 꿈이 현실이 될 거라고 생각해.

❿ **I believe** we should follow their opinion.
난 우리가 그들의 생각을 따라야 한다고 생각해.

어떤 것도 괜찮다고 말할 땐

I don't mind

난 ~는 상관없어 / 난 ~해도 괜찮아

I don't mind ~ 패턴 뒤에 다양한 **명사** 또는 **동사+ing**를 넣어 연습하세요.

❶ **I don't mind** the heat.
   난 더위는 상관없어.

❷ **I don't mind** the noise.
   난 소음은 상관없어.

❸ **I don't mind** driving.
   난 운전해도 괜찮아.

❹ **I don't mind** keeping on walking.
   난 계속 걸어도 괜찮아.

❺ **I don't mind** sleeping on the floor.
   난 바닥에서 자도 상관없어.

❻ **I don't mind** going home late.
   난 집에 늦게 가도 상관없어.

❼ **I don't mind** standing here.
   난 여기 서 있어도 괜찮아.

❽ **I don't mind** inviting your friends.
   난 네가 친구들을 초대해도 괜찮아.

❾ **I don't mind** working on the weekend.
   난 주말에 일해도 괜찮아.

❿ **I don't mind** staying awake.
   난 깨어 있어도 괜찮아.

상대방에게 양해를 구할 땐

Do you mind if   ?

~해도 괜찮을까요?

Do you mind if ~ 패턴 뒤에 다양한 **문장**을 넣어 연습하세요.

❶ **Do you mind if** I go first**?**
제가 먼저 가도 괜찮을까요?

❷ **Do you mind if** we invite her**?**
우리가 그녀를 초대해도 괜찮을까요?

❸ **Do you mind if** I borrow your car**?**
차 좀 빌려도 괜찮을까요?

❹ **Do you mind if** I use your phone**?**
전화 좀 써도 괜찮을까요?

❺ **Do you mind if** I take a look**?**
제가 한번 살펴봐도 괜찮을까요?

❻ **Do you mind if** they come a little late**?**
그분들이 좀 늦게 와도 괜찮을까요?

❼ **Do you mind if** we speak in English**?**
저희 영어로 얘기해도 괜찮을까요?

❽ **Do you mind if** I ask your age**?**
나이를 여쭤봐도 괜찮을까요?

❾ **Do you mind if** I leave my bag here**?**
제 가방을 여기 둬도 괜찮을까요?

❿ **Do you mind if** I call you later**?**
제가 나중에 전화해도 괜찮을까요?

하기로 결심한 일을 말할 땐

I decided to

나 ~하기로 결정했어

I decide to ~ 패턴 뒤에 다양한 **동사**를 넣어 연습하세요.

❶ **I decided to work with him.**
　나 걔(그)와 함께 일하기로 결정했어.

❷ **I decided to change my mind.**
　난 마음을 바꾸기로 결정했어.

❸ **I decided to get divorced.**
　난 이혼하기로 결정했어.

❹ **I decided to go on a diet.**
　난 다이어트를 하기로 결정했어.

❺ **I decided to buy a new car.**
　난 새 차를 사기로 결정했어.

❻ **I decided to look on the bright side.**
　난 긍정적으로 생각하기로 결정했어.

❼ **I decided to become a vegetarian.**
　난 채식주의자가 되기로 결정했어.

❽ **I decided to refuse his offer.**
　난 그의 제의를 거절하기로 결정했어.

❾ **I decided to start my own business.**
　난 내 사업을 시작하기로 결정했어.

❿ **I decided to donate my money.**
　난 내 돈을 기부하기로 결정했어.

상대방이 했던 말을 확인할 때

You said

너 ~라고 했잖아

You said ~ 패턴 뒤에 다양한 **문장**을 넣어 연습하세요.

❶ You said you saw her.
너 그녀를 봤다고 했잖아.

❷ You said you heard that.
네가 그걸 들었다고 했잖아.

❸ You said you didn't know that.
넌 그걸 몰랐다고 했잖아.

❹ You said you were not hungry.
너 배가 고프지 않다고 했잖아.

❺ You said you could do anything for me.
넌 날 위해 뭐든 할 수 있다고 했잖아.

❻ You said there was no problem.
네가 문제가 없다고 했잖아.

❼ You said you were interested.
네가 관심이 있다고 했잖아.

❽ You said you would call me back.
네가 나한테 다시 전화할 거라고 했잖아.

❾ You said you would pay the money back.
그 돈을 갚을 거라고 했잖아.

❿ You said you would help me.
네가 나를 도와줄 거라고 했잖아.

무언가 깨달은 사실을 말할 땐

I realized

난 ~라는 걸 깨달았어

I realized ~ 패턴 뒤에 다양한 **명사** 또는 **문장**을 넣어 연습하세요.

❶ I realized my mistake.
난 내 실수를 깨달았어.

❷ I realized the truth.
난 진실을 깨달았어.

❸ I realized his sacrifice.
난 걔(그)의 희생을 알게 되었어.

❹ I realized the real problem.
난 진짜 문제를 알게 되었어.

❺ I realized her true love.
난 그녀의 진실된 사랑을 깨달았어.

❻ I realized no one was perfect.
난 완벽한 사람은 없다는 걸 깨달았어.

❼ I realized he didn't like it.
난 걔(그)가 그걸 마음에 들어 하지 않았다는 걸 깨달았어.

❽ I realized I was so lucky.
난 내가 운이 아주 좋았다는 걸 깨달았어.

❾ I realized it was a good chance.
난 그게 좋은 기회였다는 걸 깨달았어.

❿ I realized someone took my bag.
난 누가 내 가방을 가져갔다는 걸 알게 되었어.

MEMO

MEMO

MEMO

MEMO